ENTRE NOUS

ZUSATZHEFT FÜR DEUTSCHSPRACHIGE LERNENDE

ENTRE NOUS / INDEX

UNITÉ 1 / ENCHANTÉ !

VOKABELN
- Die Verben .... P. 6, EX. 1
- Redemittel für den Unterricht .... P. 6, EX. 2
- Die Zahlen .... P. 6, EX. 3

GRAMMATIK
- Das grammatische Geschlecht .... P. 7, EX. 4
- Der bestimmte Artikel .... P. 8, EX. 5 - 6
- Die Subjektpronomen .... P. 9, EX. 7 - 8
- Die unverbundenen Personalpronomen .... P. 9, EX. 9
- **Je** und **j'** .... P. 10, EX. 10 - 11
- **Le**, **la** und **l'** .... P. 10, EX. 12

PHONETIK
- Das Alphabet .... P. 11, EX. 13
- Der Buchstabe Y .... P. 11, EX. 14
- Groß- und Kleinschreibung .... P. 11, EX. 15

UNITÉ 2 / VOYAGE AUTOUR DU MONDE

VOKABELN
- Die Zahlen von 20 bis 100 .... P. 12, EX. 1
- Das Geschlecht bei Berufsbezeichnungen .... P. 12, EX. 2

GRAMMATIK
- Die Ländernamen .... P. 13, EX. 3
- Die Nationalitäten .... P. 14, EX. 4, 5
- Die Possessivpronomen .... P. 15, EX. 6, 7
- Die Fragen mit **quel**, **quelle**, **quels**, **quelles** .... P. 15, EX. 8
- Der bestimmte Artikel im Plural .... P. 16, EX. 9
- Eine Frage verneinen .... P. 16, EX. 10

PHONETIK
- Der Buchstabe H .... P. 17, EX. 11
- Die Aussprache von Ländernamen und Nationalitäten ..... P. 17, EX. 12
- Die Unterscheidung von **être** und **avoir** .... P. 17, EX. 13

UNITÉ 3 / UNE VILLE, DES QUARTIERS

VOKABELN
- Die Präposition **à** vor **le**, **la**, **l'** und **les** ..... P. 20, EX. 1
- Die Adjektive .... P. 20, EX. 2
- Die Ortsangaben .... P. 20, EX. 3

GRAMMATIK
- **C'est moi** .... P. 21, EX. 4
- **Il y a** .... P. 21, EX. 5
- **C'est** und **il / elle est** .... P. 21, EX. 6
- Das Subjektpronomen **on** .... P. 22, EX. 7
- Der Satzbau .... P. 23, EX. 8
- Die Angleichung des Adjektivs .... P. 23 - 24, EX. 9 - 10
- Die Stellung des Adjektivs .... P. 24, EX. 11

PHONETIK
- Die Laute œ, ø, ɔ und o .... P. 25, EX. 12

UNITÉ 4 / UN PEU, BEAUCOUP, À LA FOLIE

VOKABELN
- Die Familie .... P. 26, EX. 1
- Charaktereigenschaften .... P. 26 - 27, EX. 2, 3

GRAMMATIK
- Die Fragen mit **Pourquoi ?** .... P. 27, EX. 4
- Die Präpositionen **à** und **chez** .... P. 28, EX. 5
- Die Pronomen **ce**, **cette** und **ces** .... P. 29, EX. 6
- Die unverbundenen Personalpronomen nach einer Präposition ... P. 29, EX. 7
- Die Herkunft ausdrücken .... P. 29, EX. 8
- Die Präpositionen **à** und **de** nach **jouer** .... P. 30, EX. 9, 10
- **Moi aussi, moi non plus, pas moi, moi si** .... P. 30, EX. 11

PHONETIK
- Die Aussprache von **le / les** und **ce / ces** .... P. 31, EX. 12
- Der Buchstabe S .... P. 31, EX. 13

UNITÉ 5 / COMME D'HABITUDE

VOKABELN
- Die Zeitangaben .... P. 33 - 34, EX. 1, 2, 3
- Die Fragepronomen .... P. 34, EX. 4

GRAMMATIK
- Die Verben **aller**, **sortir** und **partir** .... P. 35, EX. 5
- Das Passé composé .... P. 36, EX. 6
- **Déjà** und **ne/n'... pas encore** .... P. 36, EX. 7
- Die reflexiven Verben .... P. 37, EX. 8
- Die Stellung der Zeitadverbien .... P. 37, EX. 9

PHONETIK
- Die Laute s und z .... P. 38, EX. 10
- Der Buchstabe X .... P. 38, EX. 11

ENTRE NOUS / INDEX

UNITÉ 6 / TOUS ENSEMBLE

VOKABELN
- Positive Charaktereigenschaften .... P. 40, EX. 1
- **Savoir** und **pouvoir** .... P. 40, EX. 2
- Die Unterscheidung von **an** und **année** .... P. 40, EX. 3
- Die Dauer mit **pour** und **pendant** .... P. 41, EX. 4
- Die Stellung der Zeitangaben im Satz .... P. 41, EX. 5

GRAMMATIK
- Das Passé composé: Besonderheiten .... P. 42, EX. 6
- Die Relativpronomen .... P. 43, EX. 7
- Die Bildung des Passé composé mit **être** .... P. 44, EX. 8
- Das Passé composé .... P. 44, EX. 9
- **Il y a** und **depuis** .... P. 45, EX. 10

PHONETIK
- Die Unterscheidung von Präsens und Passé composé .... P. 45, EX. 11, 12, 13

UNITÉ 7 / LA VIE EN ROSE

VOKABELN
- Die Bekleidung .... P. 48, EX. 1, 3
- Das Wetter .... P. 48, EX. 2
- Die Jahreszeiten .... P. 48, EX. 4
- Einkaufen .... P. 49, EX. 5

GRAMMATIK
- **Pouvoir** und **vouloir** .... P. 49, EX. 6
- Die Farben: Angleichung .... P. 49, EX. 7
- Die Farben: Redensarten .... P. 49, EX. 8
- Einen Wunsch äußern .... P. 50, EX. 9
- Die Satzstellung im Fragesatz .... P. 51, EX. 10, 11
- Das Relativpronomen **où** .... P. 51, EX. 12
- Der Imperativ .... P. 52, EX. 13, 14

PHONETIK
- Die Fragen .... P. 53, EX. 15
- **Pouvoir** und **vouloir** .... P. 53, EX. 16
- Die Farben .... P. 53, EX. 17

UNITÉ 8 / BEC SUCRÉ, BEC SALÉ

VOKABELN
- Die Lebensmittel .... P. 54, EX. 1, 2
- Die Mengenangaben .... P. 54, EX. 3
- Im Restaurant .... P. 54, EX. 4
- Essen und kochen .... P. 55, EX. 5

GRAMMATIK
- Teilungsartikel und bestimmter Artikel .... P. 56, EX. 6
- Das direkte Objektpronomen .... P. 56 - 57, EX. 7, 8
- Pflichten ausdrücken .... P. 57, EX. 9
- Die Satzstellung im nahen Futur .... P. 58, EX. 10
- Die Adverbien der Mengenangabe .... P. 58, EX. 11

PHONETIK
- Die Nasallaute .... P. 49, EX. 12, 13, 14, 15, 16, 17

KULTUR

DIE FRANCOPHONIE
- Die französische Sprache in der Welt .... P. 18
- Der Prix Goncourt und die Académie Française .... P. 18
- Berühmte Schriftsteller französischer Sprache .... P. 19

DIE FRANZÖSISCHE SPRACHE IN DEUTSCHLAND
- Ein bisschen Geschichte .... P. 32
- Einfluss der französischen Sprache im Deutschen .... P. 33, EX. 1, 2
- Die „faux-amis" .... P. 33, EX. 3

EIN GEMEINSAMES SCHICKSAL
- Leben zwischen Deutschland und Frankreich .... P. 46 - 47, EX. 1

DEUTSCH-FRANZÖSISCHE FREUNDSCHAFT
- Der Alltag der modernen Europäer .... P. 60 - 61

ALLTAG IN FRANKREICH
- Frankreich von A bis Z .... P. 62-63

ENCHANTÉ / UNITÉ 1

LEXIQUE

1. Was passt zusammen? Verbinden Sie die Verbteile und schreiben Sie die Verben auf.

étu-	-mer
par-	-vailler
ai-	-biter
vi-	-garder
re-	-tester
tra-	-orer
cher-	-siter
ha-	-cher
ad-	-dier
dé-	-ter

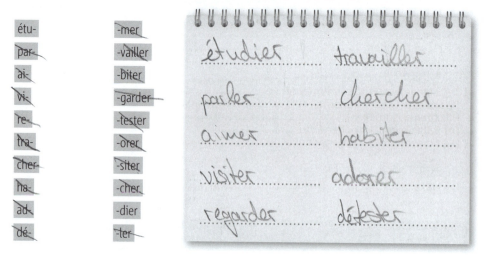

étudier — travailler
parler — chercher
aimer — habiter
visiter — adorer
regarder — détester

> **ALLÔ ?**
>
> **Allô** wird ausschließlich am **Beginn eines Telefongespräches** gesagt. Dem deutschen **Hallo** als Begrüßung entspricht **salut**, das jedoch auch zum **Abschied** dienen kann.

2. Die folgenden Aufforderungen hören Sie oft im Unterricht. Suchen Sie den entsprechenden französischen Ausdruck heraus und schreiben Sie ihn neben den deutschen.

Écoutez   Lisez   Complétez   Observez   Expliquez   Regardez   Répétez   Soulignez   Classez   Écrivez

Hören Sie zu! ....   Lesen Sie! ....
Schreiben Sie! ....   Erklären Sie! ....
Sehen Sie! ....   Unterstreichen Sie! ....
Sehen Sie genau hin! ....   Ordnen Sie ein! ....
Wiederholen Sie! ....   Ergänzen Sie! ....

3. Rechnen Sie und buchstabieren Sie das Ergebnis.

1. un + dix = ...   5. neuf - trois = ...
2. trois x quatre = ...   6. quatre + six = ...
3. vingt - deux = ...   7. vingt - quatre = ...
4. quinze + deux = ...   8. deux x quatre = ...

GRAMMAIRE

LE GENRE / DAS GRAMMATISCHE GESCHLECHT

Im Französischen ist das grammatische Geschlecht entweder männlich (**le**, **l'**) oder weiblich (**la**, **l'**). Sächlich gibt es nicht. Es ist empfehlenswert, das Geschlecht gleich mit dem Nomen zu lernen, denn Deutsch und Französisch stimmen nur manchmal überein. So zum Beispiel bei dem biologischen Geschlecht: **le client, la cliente; le directeur, la directrice; l'étudiant, l'étudiante; le père, la mère.**

ABER
- Nomen, die im Deutschen sächlich sind, sind meistens im Französischen männlich:
  — *das Schloss* (= le château); *das Restaurant* (= le restaurant).
  Es ist aber nicht immer so: *das Zimmer* (= la chambre).
- Deutsche männliche Nomen können weiblich sein:
  — *der Spaziergang* (= la promenade); *der Tanz* (= la danse).
- Deutsche weibliche Nomen können männlich sein:
  — *die Gruppe* (= le groupe); *die Nummer* (= le numéro).

Manchmal kann das Geschlecht aus der Endung abgeleitet werden:
- Wörter mit diesen Endungen sind weiblich:
  - **–ette** *la baguette, la galette* (jedoch: *le squelette*, m.)
  - **–ie**   *la pharmacie, la crêperie*
  - **–tion** *la situation, la présentation*

- Wörter mit diesen Endungen sind männlich:
  - **–ment** *le document, l'appartement*
  - **–age**   *le voyage, le collage* (jedoch: *l'image*, f.)

Vor einem Vokal entfallen die Buchstaben **e** und **a** der Artikel **le** und **la**. Sie werden apostrophiert. Der Artikel lautet in beiden Fällen **l'**. Das Geschlecht des Nomens muss dann gesondert gelernt werden!

Kennen Sie weitere Beispiele? ... *l'amour, l'image* ...

4. Männlich oder weiblich? Fügen Sie den bestimmten Artikel hinzu: le, la.

1. *le* village
2. *le* parlement
3. *le* monument
4. *la* vignette
5. *la* gastronomie
6. *la* place
7. *le* groupe
8. *l'* illustration (f)
9. *le* journal
10. *le* taxi

ENCHANTÉ / UNITÉ 1

5. Ergänzen Sie die folgenden Sätze mit: le, la, l'.

1. J'aime ...*le*... fromage français et ...*la*... baguette.
2. ...*La*... ville est grande et belle.
3. Nous parlons ...*l'*... anglais et ...*le*... français mais pas ...*le*... russe.
4. Elle étudie ...*la*... littérature et ...*la*... culture allemandes.
5. Lisa visite ...*l'*... appartement de David.
6. Ils aiment ...*l'*... art moderne mais ils n'aiment pas ...*la*... musique moderne.
7. Pedro n'aime pas ...*l'*... opéra, il préfère ...*le*... théâtre.
8. Ils adorent ...*le*... cinéma américain.
9. J'aime ...*le*... musée d'Histoire naturelle.
10. Où est ...*l'*... office du tourisme, dans ...*le*... centre historique ?

6. Was gehört zusammen? Verbinden Sie die folgenden Elemente und ergänzen Sie die Sätze mit le, la oder l'.

Anna étudie •	• .... radio.
J'écoute •	• .... phrase de l'exercice.
Paul visite •	• .... littérature française.
Il complète •	• .... football.
J'aime •	• .... centre historique de Lyon.

LES PRONOMS PERSONNELS SUJETS / *DIE SUBJEKTPRONOMEN*

Es gibt im Französischen keine Fälle, also keinen „Nominativ". Die Personalpronomen haben jedoch verschiedene Formen je nach ihrer Funktion im Satz. Die Subjektpronomen können nicht weggelassen werden.
— **Je** *parle anglais.* **J'**aime le thé. **J'**habite à Londres.*

VOUS

- Das Pronomen **vous** entspricht dem deutschen **ihr**, wenn mehrere Personen geduzt werden:
  — *Max et Léa,* **vous** *parlez français ?* **Vous** *aimez les frites ?* (= Sprecht **ihr** französisch? Mögt **ihr** Pommes?)

- **Vous** ist auch die **Höflichkeitsform**, mit der **eine oder mehrere** Personen gesiezt werden.
  — *Bonjour Madame, parlez-***vous** *français ?* (= Sprechen **Sie** französisch?)
  — *Bonsoir Messieurs,* **vous** *habitez à Paris ?* (= Wohnen **Sie** in Paris?)

ILS & ELLES

- Im Unterschied zum Deutschen wird in der Mehrzahl zwischen **ils** (männliche Form) und **elles** (weibliche Form) unterschieden:
  — *Pierre et Jean :* **Ils** *travaillent !* (= **Sie** *arbeiten!*)
  — *Julie et Marie :* **Elles** *travaillent aussi !* (= **Sie** *arbeiten auch!*)

7. Sehen Sie sich den folgenden Satz genau an und formulieren Sie die Regel.

Pierre et Marie : Ils sont à Paris.

....

8. Setzen Sie die Subjektpronomen ein und gleichen Sie die Verbform an.

1. Bonjour Monsieur, ...vous... parl..ez..... anglais ?
2. Adrien et moi, ...nous..... aim..ons... la musique classique.
3. Valérie et Philippe aiment le cinéma. ...Ils..... ador..ent... les films italiens.
4. Madame Prigent et Madame Delattre sont des amies. ...Elles... aim..ent.. aller au musée ensemble.
5. Adèle a une fille. ..Elle..... s'appell..e....... Charlotte.
6. Théa habite à Paris. ..Elle..... étudi..e....... la médecine.
7. Monsieur et Madame Durand sont français. ...Ils..... ne parl..ent..... pas anglais.
8. Marina et Paula étudient à Barcelone. ..Elles... parl..ent... espagnol et anglais.
9. Le directeur et la cliente sont dans le bureau. ...Ils..... discut..ent.....
10. Sarah et Linda sont à Strasbourg et ...elles... visit..ent..la cathédrale.

LES PRONOMS TONIQUES / DIE UNVERBUNDENEN PERSONALPRONOMEN

- Das unverbundene Personalpronomen hat im Deutschen keine Entsprechung. Es wird benutzt, wenn kein Verb folgt:
    - Qui parle russe ?
    - **Moi** ! Et **toi** ?
    - Oui, **moi** aussi !
- Insbesondere nach Präpositionen:
    — *Tu habites avec **lui** ?*
- Es dient ebenfalls dazu, das Subjektpronomen zu betonen, z. B. um einen Unterschied oder einen Widerspruch zu äußern:
    - *Vous êtes françaises ?*
    - *Oui et non, **moi** je suis française mais **elle**, elle est canadienne.*

---

9. Vervollständigen Sie die folgenden Gespräche mit dem richtigen Pronomen.

1. • Salut, ..moi.. c'est Hava. Et ..toi... ?
   ○ ..Moi.. c'est Romain.

2. • Et ..vous.. deux, vous êtes étudiantes ?
   ○ ..Nous.. ? Oui, nous étudions le cinéma.

3. • Dis Romain, tu les connais, ..eux.. ?
   ○ Oui, ..lui.., il est dans ma classe, et ..elle.. c'est l'amie de Valérie et Pauline.
   • Elle est amie avec ..elles.. ? Incroyable !

ENCHANTÉ / UNITÉ 1

Vor einem Vokal fällt der Buchstabe **e** von **je** weg und wird durch einen Apostroph ersetzt, genauso wie bei **le** und **la**:
— **j'**étudie, **j'**aime, **j'**explique, **j'**habite, **j'**adore.
Die Aussprache ändert sich entsprechend.

10. Was ist korrekt: je oder j'? Markieren Sie die Antwort und sprechen Sie den Text nach.

(Je) ~~J'~~ me présente. (Je) ~~J'~~ m'appelle Valérie. (Je) ~~J'~~ suis française. (Je) ~~J'~~ parle le français et l'allemand. ~~Je~~ (J') habite en Bretagne et ~~je~~ (j') aime la mer mais (je) ~~j'~~ n'aime pas les grandes villes. ~~Je~~ (J') étudie la géographie. ~~Je~~ (J') adore les voyages. Cet été, (je) ~~j'~~ visite les pays du nord : la Finlande, la Suède et la Norvège.

11. Sprechen Sie die Sätze nach.

J'habite à Tours.

J'aime les voyages.

J'étudie l'allemand.

J'explique la règle.

J'adore l'opéra.

12. Sind diese Nomen männlich oder weiblich? Ordnen Sie zu.

l'ami   l'étudiant   l'année   l'hôtel   l'opéra   l'adulte   l'anglais   l'église   l'enfant
l'Anglaise   l'inconnu   l'étudiante   l'éléphant   l'image   l'art   l'alphabet   l'étape

WEIBLICH	MÄNNLICH
	l'ami

PHONÉTIQUE

L'ALPHABET / DAS ALPHABET

13. Hören Sie gut zu. Unterstreichen Sie die Buchstaben, die anders klingen als im Deutschen.

PISTE 1

A B C D E F G H I J K L M N O P K R S T U V W X Y Z

LA LETTRE Y / DER BUCHSTABE Y

Y wird wie der Buchstabe **i** gesprochen: Im Französischen kann man **y** als doppeltes **i** betrachten.
Achtung: Zwischen zwei Vokalen wird der Laut auf zwei Silben verteilt:
— le voyage (voi+iage) : [vwa.jaʒ] ; le pays (pai+is) : [pe.i]

14. Hören Sie und sprechen Sie die Wörter nach.

PISTE 2

la gymnastique   le rugby   le voyage   le type   le pays

LA LETTRE C / DER BUCHSTABE C

- Vor **e**, **i** und **y** wird der Buchstabe **c** weich gesprochen, wie ein stimmloses **s**:
  — le centre, le cinéma, le cybercafé
- Vor **a**, **o** und **u** wird der Buchstabe **c** hart gesprochen, wie ein **k**:
  — le café, le collègue, la culture
- Wenn ein **c** vor **a**, **o**, **u** ein cédille hat (**ç**) wird der Buchstabe weich gesprochen, wie in **garçon** oder **François**.

15. Lesen Sie die Wörter und kreuzen Sie die richtige Spalte an. Vergleichen Sie dann mit der Tonaufnahme und ergänzen Sie die Tabelle.

PISTE 3

= S	= K
La leçon	le carnaval
La glace	L'écolier
Merci	La colle
	La cuisine
	Le camarade

Le carnaval
L'écolier
La colle
La leçon
La cuisine
Le camarade
La glace
Merci

onze **11**

VOYAGE AUTOUR DU MONDE / UNITÉ 2

LEXIQUE

LES NOMBRES DE 20 À 100 / DIE ZAHLEN VON 20 BIS 100

PISTE 4

1. Diese Künstler ruhen im Cimetière du Père-Lachaise, einem berühmten Friedhof in Paris. Hören Sie und notieren Sie ihr Todesjahr.

1. Jean de la Fontaine est mort en 16.....
2. Chopin est mort en 18.....
3. Rossini est mort en 18.....
4. Edith Piaf est morte en 19.....
5. Jim Morrison est mort en 19.....
6. Simone Signoret est morte en 19.....
7. Michel Petrucciani est mort en 19.....
8. Georges Moustaki est mort en 20.....

LES MÉTIERS AU FÉMININ / DIE WEIBLICHEN BERUFSBEZEICHNUNGEN

Berufsbezeichnungen, die auf –**e** enden, gelten für beide Geschlechter:
— *un photograph**e** -> une photograph**e***
— *un vétérinair**e** -> une vétérinair**e***

Berufsbezeichnungen, die auf –**eur** enden, können folgende Endungen haben:
— **rice** : *un act**eur** -> une act**rice** ; un direct**eur** -> une direct**rice***
— **euse** : *un vend**eur** -> une vend**euse** ; un dans**eur** -> une dans**euse***

Ein Mann ist **ingénieur, professeur, écrivain**. Eine Frau ist **ingénieure, professeure, écrivaine**.
Die weiblichen Kolleginnen eines **cuisinier, pâtissier** sind **cuisinière, pâtissière**.
Manche Berufsbezeichnungen haben noch keine weibliche Form, zum Beispiel **médecin**.

2. Setzen Sie die Berufsbezeichnungen in die weibliche Form.

MÄNNLICH	WEIBLICH	MÄNNLICH	WEIBLICH
un journaliste	une journaliste	un inspecteur	une inspectrice
un agriculteur	une agricultrice	un compositeur	une compositrice
un coiffeur	une coiffeuse	un romancier	une romancière
un bijoutier	une bijoutière	un animateur	une animatrice
un architecte	une architecte	un conducteur	une conductrice
un guide touristique	une guide touristique	un écrivain	une écrivaine

GRAMMAIRE

LES NOMS DE PAYS / DIE LÄNDERNAMEN

Vor fast allen Ländernamen steht im Französischen ein bestimmter Artikel, wie es im Deutschen z. B. für *die Türkei* und *die Schweiz* der Fall ist.
- Ländernamen, die mit einem **e** enden, sind meist weiblich:
  — *La France, l'Allemagne, la Suisse, la Belgique*
- Ländernamen, die mit einem anderen Buchstaben enden, sind männlich:
  — *Le Canada, le Luxembourg*

REGEL:
- Nach Verben, die ein Gefühl ausdrücken (**aimer, préférer, détester**) verwendet man den bestimmten Artikel:
  — *Alexandre aime **la** France mais Marina préfère **le** Brésil.*
- Nach Verben, die eine Bewegung oder eine Handlung ausdrücken (**aller, voyager, travailler, étudier**...) verschmilzt der männliche bestimmte Artikel mit der Präposition **à**:
  — *Elle voyage **au** Brésil.* (**à + le** verschmelzen zu **au**.)
- Vor weiblichen Ländernamen wird die Präposition **en** benutzt:
  — *Il travaille **en** Allemagne.*

3. Ergänzen Sie die folgenden Sätze.

1. Sandra visite *le* Maroc.
   Elle voyage *au* Maroc.
2. Michel aime *l'* Irlande.
   Il est *en* Irlande.
3. Arthur adore *le* Portugal.
   Il habite *au* Portugal.
4. Pia visite *l'* Italie.
   Elle étudie *en* Italie.

aller – fahren, gehen, reisen

Beachten Sie, dass **voyager en Italie** nicht *nach Italien reisen* bedeutet sondern *in / durch Italien reisen*.
  — *Wir reisen nach Frankreich* -> ~~Nous voyageons en France.~~ *Nous allons en France.*
  — *Wir reisen durch Spanien, wir reisen in Spanien herum* -> *Nous voyageons en Espagne.*

- Die Präpositionen **à** und **en** stehen sowohl vor einem Standort als vor einer Zielangabe.
- Das Fragewort **où** fragt sowohl nach einem Standort (wo?) als nach einem Ziel (wohin?).
  - *Il habite **où** ?*
    - *Il habite **en** Belgique, **à** Bruxelles.*

  - *Elle va **où** ?*
    - *Elle va **en** Suisse, **à** Genève.*

VOYAGE AUTOUR DU MONDE / UNITÉ 2

NOMS ET ADJECTIFS / *SUBSTANTIVE UND ADJEKTIVE*

- Wie Sie schon gesehen haben, werden im Französischen die Nationalitäten großgeschrieben. Auch diese Substantive werden nach Genus und Zahl gekennzeichnet.
    — Environ 200 **F**rançais vivent ici. Une **F**rançaise sur deux est célibataire. Les **A**lgériens ont voté hier.
- Die Sprachen und das Adjektiv werden aber immer kleingeschrieben:
    — J'ai appris l'**a**llemand à l'école.
    — Le mari de ma sœur est **i**talien.

4. Ergänzen Sie die Nationalitäten mit den Endungen: - ais/aise - ois/oise - ain/aine - ien/ienne.

MÄNNLICH	WEIBLICH
franç.ais	franç.aise
ital.ien	ital.ienne
suiss.e	suiss.e
maroc.ain	maroc.aine
chin.ois	chin.oise
colomb.ien	colomb.ienne
argent.in	argent.ine
sénégal.ais	sénégal.aise
finland.ais	finland.aise
mexic.ain	mexic.aine
holland.ais	holland.aise

5. Vervollständigen Sie die folgenden Sätze mit dem richtigen Adjektiv. Als Hinweis werden die Ländernamen angegeben. Achten Sie darauf, dass Sie die Adjektive angleichen!

Colombie   Chine   Sénégal   Suisse   Cameroun   Allemagne

1. Honda est une marque japonaise
2. La raclette est un plat suisse
3. Shakira est une chanteuse colombienne
4. Youssour N'dour est un chanteur sénégalais
5. Diane Kruger est une actrice allemande
6. Irma est une chanteuse camerounaise

2

LES PRONOMS POSSESSIFS / DIE POSSESSIVPRONOMEN

Son ou **sa** ?
— Maxime et Amélie sont dans une école européenne.
— Maxime est bilingue. **Sa** mère parle français avec lui et **son** père parle allemand.
— Amélie est aussi bilingue mais elle parle allemand avec **sa** mère et français avec **son** père.

Ob **son** oder **sa** verwendet wird, hängt im Französischen nur vom Geschlecht des Besitzes (hier: son père, sa mère für beide) ab, nicht des Besitzers (hier: erst Maxime dann Amélie).

6. Kennen Sie sie? Setzen Sie son, sa, ses ein.

Marie NDiaye

C'est une femme de lettres française née à Pithiviers, une ville au sud de Paris. _Sa_ mère est française et _son_ père est sénégalais. Elle a un an quand _son_ père quitte la France. Elle commence à écrire à 13 ans. Elle rencontre _son_ futur mari à 18 ans après la parution de _son_ premier roman. En 2009, elle reçoit le prix Goncourt pour _son_ roman *Trois femmes puissantes*. Elle vit aujourd'hui à Berlin avec _son_ mari et _ses_ trois enfants. _Son_ mari est aussi écrivain.

le futur – Zukunft

7. Ergänzen Sie mit den richtigen Possessivpronomen.

L'interview sport du Mag avec Jo-Wilfried Tsonga

TV-Zuschauer

Le Mag : Aujourd'hui, nous avons sur le plateau le joueur de tennis, Jo-Wilfried Tsonga pour répondre aux questions de _nos_ téléspectateurs via Twitter. Voici la première question : Quel est _votre_ objectif pour cette année ?
Jo-Wilfried Tsonga : _Mon_ objectif, c'est de gagner le tournoi de Roland-Garros.
Le Mag : Vous aimez la musique : Quelle est _votre_ chanson préférée avant de jouer un match ?
Jo-Wilfried Tsonga : _Ma_ chanson préférée est «Nothing else matters» de Metallica.
Le Mag : Et _votre_ plat préféré avant de jouer un match important ?
Jo-Wilfried Tsonga : _Mon_ plat préféré ? C'est les pâtes !
Le Mag : Vous avez beaucoup de fans qui vous suivent... Un dernier mot pour _vos_ supporters ?
Jo-Wilfried Tsonga : Oui, merci !!!
Le Mag : Merci à vous Jo-Wilfried pour cette interview, bonne chance pour cette année et à bientôt !

le plat préféré – Leibgericht   avant – vor   l'objectif (m) – Ziel
la chanson – Lied

8. Stellen Sie Fragen mit Quel, Quelle, Quels, Quelles.

1. • _Quelles langues il parle_ ? ○ Il parle français et allemand.
2. • _Quelle passion vous avez_ ? ○ Nous avons une passion : la peinture !
3. • _Quel est ton livre préféré_ ? ○ Mon livre préféré, c'est *Effi Briest*.
4. • _Tu as quel âge_ ? ○ J'ai 35 ans.
5. • _Quelle musique tu aimes_ ? ○ Le rock.

quinze **15**

VOYAGE AUTOUR DU MONDE / UNITÉ 2

> **L'ARTICLE INDÉFINI AU PLURIEL** / DER UNBESTIMMTE ARTIKEL IM PLURAL
>
> Im Gegensatz zum Deutschen gibt es im Französischen einen unbestimmten Artikel im Plural, der für beide Geschlechter gilt: **des**.
> — Je vends **des** ordinateurs. (= Ich verkaufe Computer.)
> — J'organise **des** visites guidées. (= Ich organisiere geführte Besichtigungen.)

8. Übersetzen Sie die folgenden Sätze ins Französische.

1. Er hat eine Freundin in Portugal und auch Freunde in der Schweiz.
   Il a une amie au Portugal et aussi des amis en Suisse

2. Sie hat französische Freunde. Sie haben ein Haus am See.
   Elle a des amis français. Ils ont une maison au bord du lac / au bord de la mer.

3. Haben Sie Geschwister? – Ja, ich habe eine Schwester.
   Vous avez des frères et sœurs ? Oui, j'ai une sœur.

4. Ich habe Kinder, einen Jungen und ein Mädchen.
   J'ai des enfants, un garçon et une fille.

5. Wir organisieren gern Reisen in der Schweiz.
   Nous organisons volontiers des voyages en Suisse
   Nous aimons organiser des voyages (gern)

> **! Ausnahme:**
>
> Nach den Verben **aimer**, **préférer**, **adorer** wird der **bestimmte Artikel** verwendet. Die Aussage bezieht sich hier nicht auf eine **unbestimmte Menge** sondern auf die **Gesamtheit**. Es ist eine allgemeine Aussage.
> — Mon fils aime **les** voyages en train.
> — Sa fille n'aime pas **les** danses folkloriques.

9. Beantworten Sie die folgenden Fragen mit nein.

1. • Elles étudient au Brésil ? ◦ Marie et Jeanne ? Non, *elles n'étudient pas au Brésil*, elles sont au Mexique !
2. • Vous êtes espagnol ? ◦ Moi ? Non, *je ne suis pas espagnol*, je suis français.
3. • Votre profession est intéressante ? ◦ Non, *ma profession n'est pas intéressante*, je m'ennuie beaucoup. *ennuyer – langweilen*
4. • Tu habites à Lyon, non ? ◦ Non, *je n'habite pas à Lyon*, j'habite à Nantes.
5. • L'exercice est difficile ? ◦ Non, *l'exercice n'est pas difficile*, ne vous inquiétez pas... *s'inquiéter – sich sorgen*
6. • Les étudiants sont italiens ? ◦ Non, *ils ne sont pas italiens*, ils sont anglais.

PHONÉTIQUE

10. Lesen Sie folgende Wörter laut vor. Vergleichen Sie dann mit der Aufnahme.

a. l'hôtel ; l'histoire ; l'hôpital ; l'horaire ; l'habitant

b. le handball ; la haute-couture ; la Hollande

> Die Substantive von Punkt a. fangen mit einem stummen **h** (**h muet**) an. Darum wird sowohl **le** als auch **la** apostrophiert. Der Buchstabe **h** wird bei der Aussprache überhaupt nicht beachtet, der Plural wird also gebunden ausgesprochen:
> — les‿hôtels [lezotɛl]
>
> Bei den Wörtern von Punkt b. wird der bestimmte Artikel nicht apostrophiert. Der Buchstabe **h** wird zwar auch nicht ausgesprochen, aber er wird als Konsonant angesehen. Bei diesen Wörtern wird im **Plural** nicht gebunden:
> — les Hollandais [lɛolɑ̃dɛ]

11. Achten Sie auf die Aussprache und auf die Schreibung der Adjektive. Hören Sie die Sätze und ergänzen Sie die Tabelle.

LÄNDERNAME	EINWOHNER	SPRACHE	ADJEKTIV MÄNNLICH	ADJEKTIV WEIBLICH
L'Allemagne	Les Allemands	L'allemand	allemand	allemande
L'Espagne	Les Espagnols	L'espagnol	espagnol	espagnole
L'Italie	Les Italiens	L'italien	italien	italienne
L'Angleterre	Les Anglais	L'anglais	anglais	anglaise
Le Danemark	Les Danois	Le danois	danois	danoise

12. Hören Sie zu. Welches Verb wird verwendet? Kreuzen Sie an.

1. ☒ être ☐ avoir
2. ☒ être ☐ avoir
3. ☐ être ☒ avoir
4. ☒ être ☐ avoir

5. ☐ être ☒ avoir
6. ☒ être ☐ avoir
7. ☐ être ☒ avoir
8. ☒ être ☐ avoir

LA FRANCOPHONIE

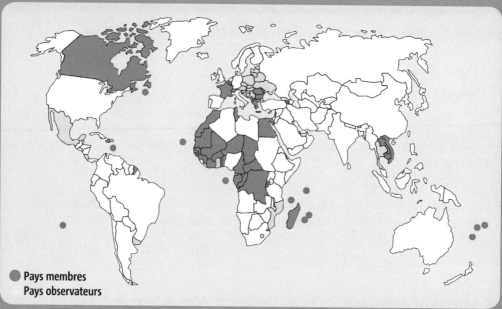

● **Pays membres**
● **Pays observateurs**

La francophonie, ce sont 274 millions de personnes qui parlent le français, sur les cinq continents. La Francophonie, c'est une institution qui rassemble 80 États, membres ou observateurs, pour promouvoir la langue française et les relations de coopération.

Le Prix Goncourt

Chaque année des centaines de prix littéraires sont attribués dans le monde francophone. Le plus prestigieux est le Prix Goncourt. Il existe depuis 1903 et récompense chaque année le meilleur nouveau roman paru en langue française. Depuis plus de cent ans, les dix membres de l'Àcadémie Goncourt dînent une fois par mois au restaurant Druont, à Paris, et décident du gagnant début novembre. Un roman qui a reçu le prix Goncourt a toujours beaucoup de succès en librairie.

L'Académie Française

L' Académie française est une institution fondée au XVIIe siècle. Elle a pour mission de fixer les normes de la langue française. Ses membres ont rédigé un dictionnaire de référence, qui a été mis à jour plusieurs fois. Ils sont 40 et sont élus pas les autres membres. Parmi eux figurent des romanciers, des poètes, des scientifiques, des historiens...
L' Académie française récompense chaque année des auteurs de langue française par un prix littéraire. Être membre de l'Académie est un honneur et une distinction très importante.

LA LANGUE FRANÇAISE DANS LE MONDE

Connaissez-vous ces écrivains ? Ils ont un point commun : ils écrivent tous en français, mais aucun d'entre eux n'est né en France !

Agota Kristof : née en 1935 en Hongrie

Elle fuit la guerre avec sa famille et s'installe en Suisse où elle apprend le français. Elle a écrit tous ses livres dans cette langue et a reçu de nombreux prix. Son roman le plus célèbre est *Le grand cahier*, paru en 1986.

Dany Laferrière : né en 1953 à Port-au-Prince, Haïti

Il est citoyen haïtien et canadien, et il vit à Montréal au Québec. Il est membre de l'Académie française depuis 2013. Il a obtenu le Prix Médicis en 2009 pour son roman *L'Enigme du Retour*.

Boualem Sansal : né en 1949 à Theniet el Had en Algérie.

Boualem Sansal vit en Algérie, mais il ne peut pas publier dans son pays à cause de la censure. Grand prix de la Francophonie en 2013 et Grand prix du roman de l'Académie française en 2015, il est très connu en France. Ses ouvrages traduits en allemand ont beaucoup de succès. Il a fait partie du jury de la Berlinale en 2012.

Amélie Nothomb : née en 1966 à Bruxelles, Belgique

Elle a eu le Grand prix du roman de l'Académie française en 1999 pour *Stupeur et tremblements*, son best-seller qui a été adapté au cinéma. Elle a vécu au Japon et parle beaucoup de ce pays dans ses livres.

Milan Kundera : né en 1929 en Tchécoslovaquie

Kundera a enseigné la littérature à Rennes et écrit aujourd'hui seulement en français. *L'insoutenable légèreté de l'être*, écrit en tchèque mais publié d'abord en France, en 1984, a été traduit dans une trentaine de langues.

Tahar Ben Jelloun : né en 1944 à Fès Maroc

Prix Goncourt en 1987 pour *La Nuit Sacrée*, Tahar Ben Jelloun est l'un des représentants les plus célèbres de la littérature de langue française. Il a traduit certains de ses livres en arabe. *La nuit sacrée* a été traduit en plus de quarante langues.

Lesen Sie die Texte und beantworten Sie die folgenden Fragen:

1. Gibt es in Deutschland eine Institution wie die Académie Française?
2. Kennen Sie Autoren, die in Deutsch schreiben, obwohl sie nicht in Deutschland geboren sind?

UNE VILLE, DES QUARTIERS / UNITÉ 3

LEXIQUE

À + LE, LA, L', LES

- Die Präposition **à** verschmilzt mit dem männlichen bestimmten Artikel **le** zu **au** und mit dem bestimmten Artikel in der Mehrzahl **les** zu **aux**. Mit **la** und **l'** bleibt es unverändert.
  — La voiture est **au** parking. Lise étudie **aux** Beaux-Arts de Paris.
  — Nous allons faire un pique-nique **à l'** étang. Je vais **à la** gare.

1. Setzen Sie au, aux, à l', à la ein.

1. Nous allons ...au... parc faire une promenade.
2. Elle travaille ...au... aéroport (m)
3. Tu rentres ...à la... maison ce week-end ?
4. Il y a de belles plages ...aux... Pays-Bas.
5. Tu habites ...au... Mexique ? (m)
6. Je pars en vacances ...aux... États-Unis.
7. Elles ont rendez-vous ...à la... piscine.
8. Nous allons voir un match ...au... stade. (m)
9. Je suis ...à l'... école toute la journée.
10. Nicolas va ...à l'... université à Brest.

SYMPA !

Im Französischen benutzt man das Wort **sympa** um Leute sowie Sachen zu beschreiben, die man mag.
Als Abkürzung von **sympathique** wird **sympa** nie angeglichen.

*C'est un garçon **sympa**.*
*C'est un quartier **sympa**.*
*C'est une fête **sympa**.*

2. Ergänzen Sie das Kreuzworträtsel mit dem Gegensatz.

Waagerecht
1. accessible — erreichbar
2. ancien — beliebt
3. grand
4. bruyant — laut, unruhig
5. sympa — nett

Senkrecht
6. calme
7. sombre — dunkel

1. inaccessible
2. nouveau
3. petit
4. tranquille — ruhig, still
5. désagréable — unlieb, unangenehm

6. ancien
7. (unter, neben, in der Nähe)

3. Ergänzen Sie mit der passenden Präposition: sur, sous, à côté de, près de, dans.

a. Ils sont ...sur... le quai. — Bahnsteig

b. Le bateau passe ...sous... le pont.

c. L'hôtel est ...près de / à côté de... la plage.

d. Le Sacré-Cœur est ...dans... le quartier Monmartre.

e. Ils sont ...à côté de / près de... la fontaine.

GRAMMAIRE

> **C'EST MOI**

C'est moi bedeutet *Das bin ich / Ich bin es*. **C'est** bleibt in allen Personen unverändert.
So kann man auf sich und auf andere Personen hinweisen: *C'est elle, c'est nous…*

4. Verbinden Sie die folgenden Sätze.

> **IL Y A**

- Mit dem Ausdruck **il y a** können mehrere deutsche Verben wiedergegeben werden, wie z. B. *sein, sich befinden, stehen, liegen* usw. sowie den Ausdruck *es gibt*. **Il y a** ist unveränderlich.
- Der Verneinung **il n'y a pas** folgt immer **de + Nomen**.
– **Il y a** un cinéma dans ma rue. / **Il n'y a pas** de cinéma dans ma rue.
– **Il y a** du pain à la boulangerie. / **Il n'y a pas** de pain à la boulangerie.
– **Il y a** des légumes au marché. / **Il n'y a pas** de légumes au marché.

5. Übersetzen Sie folgende Sätze.

unter – sous
la table

1. Gibt es eine Bäckerei in deiner Straße?
   Est-ce qu'il y a une boulangerie dans ta rue ?

2. In meinem Viertel sind keine Kinos.
   Il n'y a pas de cinémas dans mon quartier.

3. Was liegt unter dem Tisch?
   Qu'est-ce qu'il y a sous la table ?

4. Am Strand stehen Duschen.
   Il y a des douches sur la plage.

zum Strand gehen – va à la plage
am Strand liegen/sein/stehen – être sur la plage

6. Ergänzen Sie diese Mail mit **C'est** oder **il/elle est**.

Salut Ina,

Je te donne un peu des nouvelles de mon installation à Grenoble. J'ai une chambre dans un appartement en colocation. C'est un appartement grand et lumineux. Il est très bien situé, près du tramway. J'adore le balcon. Il est ensoleillé. Le quartier est aussi très sympa : il y a un marché et beaucoup de petites boutiques. C'est pratique !
On est trois dans l'appartement. Julia, elle est espagnole. Elle est guide touristique. L'autre, c'est Louise. Elle est belge et elle fait un stage. C'est un appartement international !
C'est un quartier très animé ! Il y a un cinéma, des magasins, des bars…

Bises

UNE VILLE, DES QUARTIERS / UNITÉ 3

LE PRONOM PERSONNEL ON / DAS SUBJEKTPRONOMEN ON

- **On** wird für allgemeingültige, unpersönliche Aussagen oder Fragen benutzt:
  — Où vit-**on** le mieux en France ? **On** vit bien à Lyon. **On** trouve de tout à Angers.

- In der mündlichen Alltagssprache dient **on** jedoch häufig als Synonym von **nous**. Dadurch vereinfacht sich die konjugierte Verform, denn die dritte Person Singular ersetzt die erste Person Plural. Vergleichen Sie:
  — **Nous allons** au musée. / **On va** au café.
  — **Nous déjeunons** à la maison. / **On déjeune** à la cantine.
  — **Nous sommes** au bord de la mer. / **On est** à la plage.

7. Welche Bedeutung hat das Pronomen on in den folgenden Sätzen?

	= MAN	= WIR
Dans le centre-ville, on trouve des cafés sympas.	X	
Demain, on fait un tour en bateau sur la Seine.		X
On est mariés et on a trois enfants.		X
On va au cinéma ce soir ? Il y a un bon film au Capitole.		X
En général, on mange en famille le soir vers 20 h. Et les Allemands ?	X	
On trouve des crêperies à Marseille ?	X	
On y va ?		X

LA SYNTAXE / DER SATZBAU

- Üblicherweise steht im Französischen die adverbiale Bestimmung am Ende des Satzes:
  — Il y a beaucoup de restaurants **dans notre quartier**.

- Um ein Element zu betonen, wird es oft an den Anfang gesetzt. Dann wird es mit einem Komma vom Rest des Satzes getrennt:
  — **Dans notre quartier**, il y a beaucoup de restaurants.

- Beachten Sie, dass die Reihenfolge nach dem Komma – im Gegensatz zum Deutschen – **unverändert** bleibt!

8. Bringen Sie die Satzelemente in die richtige Reihenfolge. Schreiben Sie jeweils a) die neutrale Reihenfolge und b) die Reihenfolge mit der Betonung der Bestimmung.

Beispiel : a | deux | dans | il | ma | opéras | ville | y

a) Il y a deux opéras dans ma ville.

b) Dans ma ville il y a deux opéras.

1. a | boulangerie | dans | de | il | n' | notre | pas | rue | y

a) ....

b) ....

2. a | ce | dans | est | il | parc | qu' | quartier | un | votre | y | ?

a) ....

b) ....

3. aujourd'hui | ce | est | fait | qu' | qu' | on | ?

a) ....

b) ....

4. a | boutique | ce | cette | dans | est | il | qu' | qu' | y | ?

a) ....

b) ....

9. Sehen Sie sich in den folgenden Sätzen die Endungen der Adjektive genau an. Worin liegt der Unterschied zum Deutschen?

Le quartier est vivant
J'aime le Marais,
c'est un quartier vivant.

Les rues sont larges
Il n'y a pas de rues larges
dans la vieille ville.

Les étudiants sont allemands
Les étudiants allemands
visitent Lyon.

....

....

UNE VILLE, DES QUARTIERS / UNITÉ 3

10. Welche Endungen fehlen?

LYON

Lyon est une grand...... ville avec une offre culturel...... important....... Il y a de très belle...... avenues avec des immeubles ancien......, traditionnel...... et de grand...... appartements bourgeois....... Mais il y a aussi d'ancien...... quartiers ouvrier...... où habitent maintenant des personnes plus aisé...... qui aiment l'ambiance agréable...... et familial....... Lyon est une ville universitaire....... Les étudiants apprécient ses quartiers animé...... Il y a beaucoup de bus, de lignes de métro et de tram mais il est plus difficile...... de circuler en voiture parce que les places de parking sont rare...... et les rues ne sont parfois pas très large....... L'Office du Tourisme propose de nombreus...... visites guidé....... La plus apprécié...... est celle de la Colline de Fourvière, avec sa basilique et ses boulangeries gourmand.......

LA POSITION DE L'ADJECTIF / DIE STELLUNG DES ADJEKTIVS

- Im Gegensatz zum Deutschen steht das Adjektiv meistens nach dem Substantiv.
  — *Une assiette **pleine**, un magasin **fermé**, une rue **agréable**, une région **ensoleillée*** usw.

- Es gibt einige Ausnahmen, die Sie auswendig kennen sollten: **autre, beau, bon, grand, gros, haut, jeune, mauvais, nouveau, petit, vieux**...
  — *Un **jeune** homme, une **nouvelle** amie, un **beau** chien, une **grande** avenue* usw.

11. Suchen Sie in der Unité 3 des Lehrbuchs zehn Adjektive, die vor dem Nomen stehen. Tragen Sie sie in die Liste ein, mit dem Artikel und dem Nomen, auf das sie sich beziehen. Beachten Sie auch die Eigennamen von Orten, die ein Adjektiv beinhalten, wie le Vieux-Marseille.

....

....

PHONÉTIQUE

DIE LAUTE œ, ø, ɔ **UND** o

Unterscheiden Sie die Aussprache von:
— œ (wie in l'h**eu**re, fl**eu**ve, c**œu**r) / ø (wie in d**eu**x, l**ieu**, v**ieu**x)
— ɔ (wie in le p**o**rt, c**o**rps, éc**o**le) / o (wie in d**ô**me, h**ô**tel, chât**eau**)

12. Setzen Sie die Wörter, die Sie hören, in die entsprechende Spalte ein.

PISTE 8

	œ	ø	ɔ	o
1.				
2.				
3.				
4.				
5.				
6.				
7.				
8.				
9.				
10.				

13. Hören Sie die Sätze und schreiben Sie die fehlenden Wörter in die Lücken.

PISTE 9

1. C'est un grand .... près du ....

2. Il n'y a pas de .... sur ce ....

3. Ils vont à l' .... en ....

4. Elle offre un .... à son fils.

5. .... du .... il y a un très ....

UN PEU, BEAUCOUP, À LA FOLIE / UNITÉ 4

LEXIQUE

LA FAMILLE / DIE FAMILIE

- Im Französischen gibt es kein Wort für Geschwister.
Wenn Sie sich erkundigen wollen, ob jemand Geschwister hat, fragen Sie:
  — *Tu as **des frères et sœurs** ? Vous avez **des frères et sœurs** ?*

Man antwortet zum Beispiel:
  — *Non, je suis enfant unique* (Einzelkind).
  — *Oui, j'ai un frère, mais pas de sœur.*
  — *Oui, j'ai deux sœurs et un frère.*

- Die Ehefrau heißt **la femme** oder, etwas formeller, **l'épouse**. Der Ehemann heißt **le mari** oder **l'époux**.
  ❗ Der Ausdruck **C'est mon homme** bedeutet etwas Anderes. (Das ist der Mann, der mir jetzt helfen kann.)

- Der Großvater und die Großmutter heißen **le grand-père et la grand-mère**; der Enkel und die Enkelin heißen **le petit-fils et la petite-fille**.
- Sowohl die Schwiegerfamilie als auch die Stieffamilie heißen **la belle-famille**. **La belle-mère** kann also sowohl die Schwiegermutter sein als auch die Stiefmutter.
- Das Verb **se marier** (heiraten) ist reflexiv, im Gegensatz zum Deutschen:
  — *Ils **se** marient en juin.*
- Das Verb **divorcer** (sich scheiden lassen) ist nicht reflexiv und zudem aktiv, im Gegensatz zum Deutschen:
  — *Ils **divorcent** en novembre.*

PISTE 10

1. Hören Sie, was Sophie über ihre Familie erzählt, und tragen Sie die Namen ein:

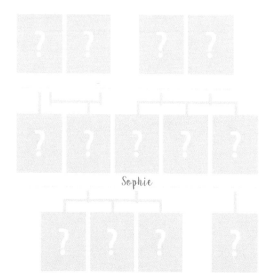

2. Ordnen Sie jeder Definition das passende Adjektiv zu.

optimiste - timide - active/actif - autonome - stressé(e) - ouvert(e)

1. Paul fait beaucoup de choses.
   -> Il est très ....
2. Caroline ne parle pas beaucoup.
   -> Elle est ....
3. Julie s'inquiète beaucoup pour son travail.
   -> Elle est ....
4. Corentin parle avec tout le monde.
   -> Il est ....
5. Martine fait les choses toute seule sans qu'on lui demande.
   -> Elle est ....
6. Jean pense toujours positif.
   -> Il est ....

3. Ergänzen Sie die Tabelle. Für manche deutsche Adjektive werden zwei Übersetzungen angeboten. Kennen Sie die weibliche Form dieser Adjektive?

atypique   autonome   calme   casanier   curieux   drôle   exigeant   original
timide   tranquille   sérieux   sévère   strict

	WEIBLICH	MÄNNLICH
ernst		
ruhig		
schüchtern		
anspruchsvoll		
lustig		
neugierig		
streng		
selbstständig		
untypisch		
häuslich		

GRAMMAIRE

RÉPONDRE À LA QUESTION « POURQUOI » / *DIE ANTWORT AUF DIE FRAGE „WARUM"*

Pourquoi fais-tu du yoga ?
— **Parce que** j'aime ça. (**Parce que** + konjugiertes Verb)
— **Pour le plaisir.** (**Pour** + Artikel und Nomen)
— **Pour être** en forme. (**Pour** + Infinitiv eines Verbs)
— **Pour ne pas être** stressée. (**Pour** + **ne pas** + Infinitiv eines Verbs)

4. Ergänzen Sie die Gespräche mit pour, parce que.

1. Pourquoi tu ne travailles pas ?
   .... je suis fatigué !

2. Je veux devenir chanteur.
   Pourquoi ?
   .... la gloire !

3. Pourquoi tu apprends l'espagnol ?
   .... pouvoir parler avec mon beau-frère. Il est argentin.

4. Pourquoi elle s'en va ?
   .... ne pas voir Jacques.

UN PEU, BEAUCOUP, À LA FOLIE / UNITÉ 4

LES PRÉPOSITIONS À ET CHEZ / DIE PRÄPOSITIONEN À UND CHEZ

- Vor **Ortsangaben** steht die Präposition **à**:

Je suis **à** la charcuterie. (das Geschäft)

- Vor **Personen** sowie vor **Personalpronomen** steht jedoch die Präposition **chez**:

Je suis **chez** le charcutier. (die Person)
Je suis **chez** des amis. (die Person)

- Die Präposition **à** wird mit **le** zusammengezogen: Man sagt also: *Je suis au café* (und **nie** *à le café*).
- Beide Präpositionen drücken sowohl einen **Standort** aus als auch das **Ziel eines Ortswechsels**.
  — *Maintenant, je **suis** à la boulangerie, et ensuite, je **vais** au supermarché pour prendre les boissons.*

5. Setzen Sie à oder chez sowie die nötigen bestimmten Artikel ein.

❗ À muss eventuell mit einem Artikel verschmelzen.

1. Aujourd'hui les touristes ne vont pas ...à la... plage, ils restent ...à la... piscine de l'hôtel.
2. Ils prennent le déjeuner ...chez... nous et après nous allons ensemble ...au... stade de foot.
3. À 16 heures, j'ai un rendez-vous ...chez... le dentiste. Je ne peux pas venir ...au... tennis avec vous.
4. Ce soir, on va ...au... cinéma puis on va prendre un verre ...au... café du coin.
5. Jules habite encore ...chez... ses parents ?
6. Il est resté un mois ...chez... sa copine en Irlande puis il est rentré ...chez... lui.
7. Vous êtes ...à la... maison ce soir ? Vous restez ...chez... vous ? Vous n'allez pas ...à la... fête ?
8. Tu passes ...chez... moi vers 18 heures et on y va ensemble.
9. Mon copain déjeune tous les dimanches ...chez... ses parents.
10. On va ...chez... toi ou ...chez... moi ?

6. Markieren Sie jeweils das richtige Pronomen.

1. Ce / cet / **cette** / ces année, il ne part pas en vacances.
2. Où va **ce** / cet / cette / ces bus ?
3. Ce / **cet** / cette / ces appartement n'est pas à moi.
4. Ce / cet / **cette** / ces école n'est pas trop chère.
5. Je trouve ce / cet / **cette** / ces famille très sympathique, pas toi ?
6. Aimez-vous la voix de **ce** / cet / cette / ces ténor ?
7. Ce / **cet** / cette / ces hôtel est trop bruyant et trop cher !
8. Ce / cet / cette / **ces** photos sont gratuites sur Internet.

7. Ergänzen Sie mit moi, lui, elle, nous, eux.

La famille c'est important pour vous ?

Alice 21 ans
Pour ……… la famille c'est très important. Mes parents habitent à Lyon et j'étudie à Nantes. J'essaye de rentrer chez ………, une fois par mois.

Sonia 37 ans
Mon mari et moi, nous sommes divorcés. Pour mon travail, je voyage beaucoup alors mes enfants vivent avec ……… la plupart du temps. Je sais que pour ……… c'est très dur. On a décidé avec mon mari de partir en vacances ensemble une fois par an. C'est à ……… de décider de la destination.

Charles 42 ans
Nous passons le plus de temps possible avec nos enfants. Mais une fois par an, on les laisse chez leurs grands-parents et nous on part en vacances. Mes enfants adorent passer avec du temps avec ………. Et pour ………, c'est une semaine de détente à deux !!

Lucille 29 ans
Avec ma sœur, on est très proche. On habite loin l'une de l'autre mais on se voit une fois par mois. Pour ………, c'est essentiel!!

8. Ergänzen Sie die Sätze mit venir de, du, d'.

1. Stromae …………… Belgique.
2. Jane Binkin …………… Angleterre.
3. Le thé …………… Japon.
4. Serge Gainsbourg …………… France.
5. Tahar Ben Jellou …………… Maroc.
6. Céline Dion …………… Canada.

UN PEU, BEAUCOUP, À LA FOLIE / UNITÉ 4

9. Sehen Sie sich diese Sätze genau an. Formulieren Sie dann die Regel für den Gebrauch von à oder de nach dem Verb jouer.

> Moi, je joue aux échecs. Et toi ?

> Tu joues de la guitare ?

> Moi, je joue au foot.

> Non, je joue de la basse et de la batterie.

> Le prof de maths joue de la flûte.

> Tu viens jouer aux cartes avec nous ?

Nach dem Verb **JOUER** verwendet man:

– die Präposition **à** ....

– die Präposition **de** ....

10. Sie sehen im Kasten einige Bezeichnungen von Musikinstrumenten und von Sportarten. Welche Wörter verstehen Sie ohne nachzuschlagen?

Sehen Sie diejenigen, die Sie nicht erraten können, im Internet nach. Setzen Sie dann die Präposition mit dem bestimmten Artikel ein.

.... basse

.... rugby

.... saxophone

.... badminton

.... hockey sur glace

.... beach volley

.... tambour

.... handball

.... cornemuse

.... violon

JOUER...

.... fléchettes

.... harpe

.... tennis de table

.... accordéon

.... xylophone

.... billard

.... synthétiseur

11. Antworten Sie mit <u>moi aussi</u>, <u>moi non plus</u>, <u>moi si</u>, <u>pas moi</u>.

> J'adore la cuisine italienne !

> 😊 .... !

> Je voyage beaucoup !

> ☹ .... !

> Je n'aime pas danser.

> 😊 .... !

> Je n'aime pas le bricolage.

> ☹ .... !

PHONÉTIQUE

LE/LES *UND* CE/CES

- Die Formen der Einzahl **le** und **ce** werden [lə] und [sə] ausgesprochen.
- Die Formen der Mehrzahl **les** und **ces** werden [le] und [se] ausgesprochen.

12. Welchen Laut hören Sie? [ə] oder [e]? Schreiben Sie, was Sie hören, in die entsprechende Spalte.

PISTE 11

	[ə]	[e]
1.		
2.		
3.		
4.		
5.		
6.		
7.		
8.		
9.		
10.		

AUSSPRACHE DES BUCHSTABENS S

- Wenn ein **s** mit dem Vokal des nächsten Wortes verbunden wird, ist es immer stimmhaft [z]:
  — *Marie fait de**s**_**é**tudes de droit.*
- Wenn ein **s** am Anfang eines Wortes steht, ist es immer stimmlos [s]:
  — ***S**arah danse la **s**alsa.*

13. Welchen Laut hören Sie? [z] oder [s]? Kreuzen Sie an.

PISTE 12

[z]	[s]

LES MOTS VOYAGENT

L'édit de Postdam

Frédéric-Guillaume Ier proclame l'édit de Postdam en 1685. Cet édit, rédigé en allemand et en français, est diffusé en France pour appeler les protestants persécutés par Louis XIV à venir s'installer dans le Brandebourg et dans d'autres parties du pays dépeuplées par la guerre de Trente Ans.

Les Huguenots

Les Huguenots, nom donné à ces réfugiés protestants qui quittent la France, bénéficient de nombreux avantages parmi lesquels le droit de pratiquer leur religion dans leur langue natale. Les Huguenots ont leurs écoles, leurs tribunaux et leurs églises françaises.

À la cour des rois de Prusse

Au XVIe et au XVIIe siècles, le français est la langue parlée à la Cour de Prusse. Frédéric Ier, Frédéric Guillaume Ier et Frédéric le Grand ne parlent pas bien l'allemand.

L'influence du français

Entre 1648 et 1919, le français a été la langue des diplomates et des rapports internationaux, et pas seulement en Europe ! Le français a influencé beaucoup d'autres langues : en allemand, on retrouve de nombreux mots venus du français. Certains domaines ont été particulièrement influencés, pour des raisons historiques.

LA LANGUE FRANÇAISE EN ALLEMAGNE

1. Aus welchen Bereichen stammen folgende Wörter?
   Ordnen Sie sie in vier Kategorien ein und geben Sie ihnen eine Überschrift.

l'orangerie   la mayonnaise   la façade   l'aubergine   la garde-robe   le bataillon
le général   extravagante   le passage   le bassin   paner   trancher   l'appartement
la sihouette   le commandant   le balcon   flamber   recruter   à la carte   l'élégance
le sabotage   le menu   l'offensive   les munitions   la cravate   le velours   le déserteur
les frites   le croûton   le décolleté   la terrasse   la dépendance   l'omelette   l'accessoire
le prêt-à-porter   la manoeuvre   le souterrain   l'atelier   la caserne   la haute-couture

2. Sie kennen bestimmt viele andere Wörter, die aus dem Französischen stammen.
   Listen Sie sie auf und teilen Sie sie ebenfalls in Kategorien ein.

3. Manchmal weicht die Bedeutung dieser Wörter in beiden Sprachen stark voneinander ab.
   Das sind sogenannte <u>faux-amis</u> (falsche Freunde). Was bedeuten folgende Sätze?

Tu veux un thé ou une **infusion** ?	
Une **couverture** te suffit ?	
Les **affaires** de monsieur Vigouroux vont mal.	
Il lui a donné un **baiser**.	
J'ai **rendez-vous** chez le dentiste.	
Tu as **dormi** par terre ?	
Les manifestants ont cassé des **vitrines**.	
Voici les **règles** du savoir-vivre à table.	
Ses cheveux **cachent** son visage.	

COMME D'HABITUDE / UNITÉ 5

LEXIQUE

LES COMPLÉMENTS DE TEMPS / *DIE ZEITANGABEN*

LES JOURS DE LA SEMAINE

— *Notre cours commence* **lundi**. (= Unser Kurs fängt **am Montag** an.)

— *Nous restons* **de lundi à vendredi**. (= Wir bleiben **von Montag bis Freitag**.)

— **Le mardi** *nous faisons du sport*. (= **Dienstags** machen wir Sport.)

— *Le restaurant est ouvert* **du mardi au samedi**. *Le dimanche et* **le lundi**, *il est fermé*.
(= Das Restaurant ist **dienstags bis samstags** geöffnet. **Sonntags und montags** ist es geschlossen.)

— *Au revoir,* **à jeudi**. (= Auf Wiedersehen, **bis Donnerstag**.)

1. Beschreiben Sie die Ladenöffnungszeiten mit à, au, de, du, le.

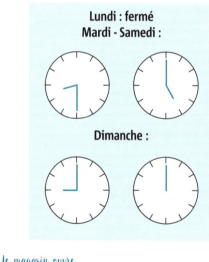

Lundi : fermé
Mardi - Samedi :

Dimanche :

le magasin ouvre ....
....
....
....

2. Kreuzen Sie die richtige Option an.

1. Hier soir, j'ai terminé de travailler ....
   ☐ à midi   ☐ à minuit   ☐ l'après midi

2. Les employés font une pause .... pour manger.
   ☐ l'après midi   ☐ à minuit   ☐ à midi

3. Je fais toujours la sieste .... juste après le déjeuner.
   ☐ l'après midi   ☐ à midi   ☐ le soir

4. Elle termine les cours à 5 heures ...., après elle va réviser à la bibliothèque.
   ☐ du soir   ☐ du matin   ☐ de l'après midi

5. Les magasins ouvrent normalement à 9 heures ....
   ☐ de l'après midi   ☐ du matin   ☐ du soir

6. Jean travaille dans une discothèque. Il commence à 8 heures ....
   ☐ du matin   ☐ du soir   ☐ de l'après midi

34 trente-quatre

TOUT/TOUTE UND TOUS/TOUTES

Tous/toutes + Plural:
- *tous **les** jours* (= **jeden** Tag)
- *tous **les** midis* (= **jeden** Mittag)
- *tous **les** soirs* (= **jeden** Abend)
- *toutes **les** semaines* (= **jede** Woche)
- *tous **les** week-ends* (= **jedes** Wochenende)
- *tous **les** mois* (= **jeden** Monat)
- *tous **les** ans* (= **jedes** Jahr)

ABER
Tout/toute + Singular:
- *toute **la** semaine* (= die **ganze** Woche)
- *tout **le** week-end* (= das **ganze** Wochenende)
- *tout **le** mois* (= den **ganzen** Monat)
- *toute **la** nuit* (= die **ganze** Nacht)

❗ Achtung:

— *alle zwei Wochen* (= tous les 15 jours, toutes les deux semaines)
— *alle sechs Monate* (= tous les 6 mois)
- **Chaque** bedeutet **jeder einzelne**. Es steht immer mit dem Singular. Man sagt nie **chaque deux semaines**.
  — *jeden zweiten Tag* (= un jour sur deux)
  — *jeden zweiten Monat* (= un mois sur deux)
- Die Wörter la **matinée**, la **journée**, la **soirée**, l'**année** setzen den Akzent auf die Dauer (statt auf die Anzahl):
  — *Elles travaillent tous les jours, toute la **journée***
  -> 5 jours par semaine (jeden Tag) und du matin au soir (den ganzen Tag lang).

3. Ersetzen Sie die unterstrichene Zeitangabe mit einem gleichbedeutenden Ausdruck.

1. Il mange à la cantine *du lundi au vendredi*. ....
2. Le magasin est ouvert *de 9 h à 20 h*. ....
3. Je surfe sur Internet *de 18 h à 22 h*. ....
4. La pharmacie de garde est ouverte *de 20 h à 8 h*. ....
5. Vous pouvez téléphoner *24 h/24 h*. ....

4. Vervollständigen Sie mit den richtigen Pronomen: quel, quelle, comment, quand, combien, où.

Thomas, parisien depuis 2 ans
L'Interview express

- À .... heure vous vous réveillez le matin ?
- Vers 6h en général. Je commence le travail à 9h.
- .... travaillez-vous ?
- Je travaille à la Défense à Paris.
- .... est votre moment préféré de la journée ?
- Le matin quand toute la famille dort encore.

- .... allez-vous au travail ?
- À vélo, mais les jours de pluie je prends le métro.
- .... passez-vous du temps avec votre famille dans la semaine ?
- On dîne ensemble le soir et on se raconte notre journée.
- Vous faites souvent du sport ? .... de fois par semaine ?
- Oui, deux fois par semaine. Ça me permet de détendre et c'est très bon pour le stress.

COMME D'HABITUDE / UNITÉ 5

GRAMMAIRE

ALLER, SORTIR, PARTIR

Diese Verben haben nicht ganz genau die selbe Bedeutung wie im Deutschen und werden etwas anders gebraucht.

ALLER
- steht immer mit einer **Ortsangabe**:
  Ich gehe heißt nicht ~~je vais~~ sondern **j'y vais** (das bedeutet *ich gehe hin*)

- wird auch als **fahren** bzw. **fliegen** benutzt:
  — Wir **fahren** ans Meer. (= Nous **allons** au bord de la mer.)
  — Nächstes Wochenende **fliege** ich nach Lyon. (= Le weekend prochain, je **vais** à Lyon.)

- Wenn es jedoch um die **Wahl des Transportmittels** geht, kann man präziser werden:
  — Tu **vas** comment à Lyon, <u>en voiture</u> ou <u>en avion</u> ? Tu <u>prends le train</u> ?

SORTIR
- bedeutet **hinausgehen**:
  — Il fait beau, je **sors** dans le jardin.

- sowie **ausgehen**:
  — Nous **sortons** 3 ou 4 fois par semaine, nous **allons** au cinéma ou au café.

- aber auch: (etwas) **herausnehmen, hinausstellen**:
  — **Sors** le fromage du frigidaire s'il te plait.
  — **Sors** les chaises, nous mangeons sur la terrasse.

PARTIR
- bedeutet **gehen, weggehen, wegfahren, losfahren, verreisen**:
  — Je dois **partir** dans 20 minutes. (= Ich muss in 20 Minuten *weg/los*.)
  — Nous restons une seule nuit, nous **partons** demain matin. (= Wir bleiben nur eine Nacht, wir **fahren** morgen früh **weg**.)
  — Vous **partez** où cette année ? (= Wohin **verreisen** Sie dieses Jahr?)

---

5. Markieren Sie jeweils das richtige Verb.

1. • Alors, vous **allez** / **sortez** .... ce soir avec Laurent ?
2. • J'ai besoin de mon livre... à quelle heure tu **pars** / **sors** .... pour le travail ?
   ○ Moi à 7 heures du matin mais, Vincent, il **va** / **part** .... plus tard, à 10 heures.
3. • Ça y est ? Vous **sortez** / **allez** .... au Mexique ?
4. • Tu es fatiguée... Tu **sors** / **vas** .... tard le soir ?
   ○ Pas beaucoup... Je **vais** / **pars** .... au lit vers dix heures...
5. • Et vous **partez** / **sortez** .... où cette année ?
   ○ Nous **sortons** / **allons** .... au Japon.

5

LE PASSÉ COMPOSÉ

Beachten Sie: Im Gegensatz zum Deutschen wird das Verb **être** mit dem Hilfsverb **avoir** konjugiert.
— Le weekend dernier **a été** stressant !

6. Claire schreibt ihrer Freundin eine Mail. Ergänzen Sie den Text mit den konjugierten Formen der angegebenen Verben und wählen Sie je oder j'.

Salut Alice,
Excuse-moi, je/j' (*ne pas téléphoner*) .... Je/j' (*ne pas avoir*) .... le temps ! Le week-end dernier (*être*) .... un peu stressant pour moi. Tu sais, nous sommes dans notre nouvel appartement depuis une semaine. La vie en couple (*commencer*) .... Nous (*organiser*) .... une petite fête. Nous (*faire*) .... les courses ensemble mais je/j' (*faire*) .... tout le reste. Je/j' (*préparer*) .... un couscous, pour la première fois !
La soirée (*être*) .... super ! Nous (*manger*) ...., nous (*danser*) .... et on (*discuter*) .... presque toute la nuit.
Dimanche, Khaled et moi, nous (*déjeuner*) .... chez sa mère. Elle nous (*poser*) .... beaucoup de questions ! Elle nous (*montrer*) .... des photos de la famille marocaine. Et elle (*raconter*) .... comment Khaled et elle (*vivre*) .... avant d'arriver en France. Bref, nous (*rater*) .... le dernier bus. Et nous (*faire*) .... du stop pour rentrer à la maison.
Et toi, comment (*être*) .... ton week-end ? Raconte-moi !
À bientôt,
Claire

7. Sehen Sie sich Mathieus To-do-Liste an und beantworten Sie die Fragen mit déjà, ne/n'... pas encore.

Pense-bête de la semaine.
- s'inscrire à un cours de Karaté (non)
- terminer le dossier pour la réunion de vendredi (non)
- visiter l'exposition sur les peintres impressionnistes (oui)
- inviter ses amis pour son fête d'anniversaire (à faire la semaine prochaine)
- appeler Marc pour lui demander son aide pour la fête (non)
- acheter un cadeau pour Sarah (non)

1. Est-ce que Mathieu est déjà allé s'inscrire à son cours de karaté ?
....
2. Mathieu a déjà terminé son dossier pour la réunion de vendredi ?
....
3. Mathieu a visité l'exposition sur les peintres impressionnistes ?
....
4. Est-ce que Mathieu a invité ses amis pour sa fête d'anniversaire ?
....
5. Est-ce que Mathieu a appelé Marc ?
....
6. Est-ce que Mathieu a acheté quelque chose pour sa sœur ?
....

trente-sept 37

COMME D'HABITUDE / UNITÉ 5

> **LES VERBES RÉFLÉCHIS** / *DIE REFLEXIVEN VERBEN*
>
> Achten Sie darauf, dass einige Verben im Französischen reflexiv sind, die es im Deutschen nicht sind.
> — Zum Beispiel: **se réveiller, se lever, se promener.**

8. Pas facile, la vie à deux ! Übersetzen Sie den Text ins Französische.

Paul wacht jeden Tag um 6 Uhr auf. Er steht gern früh auf. Er ruht sich nicht gern tagsüber aus. Er geht lieber früh ins Bett! Am Wochenende spielt er Fußball.

Ich stehe nie vor 9 Uhr auf. Ich ruhe mich gern nachmittags aus. Abends lese ich lange und ich gehe nie vor Mitternacht ins Bett. Sonntags gehe ich gern mit dem Hund spazieren. Manchmal wollen wir heiraten, manchmal wollen wir uns trennen!

....

....

....

....

....

....

....

> **LES ADVERBES DE TEMPS** / *DIE ZEITADVERBIEN*
>
> — Il n'abandonne **jamais** ses amis. (= Er lässt seine Freunde **nie** im Stich.)
> — Il est **souvent** dans la lune. (= Er ist **oft** unaufmerksam.)
> — Il aide **toujours** les autres. (= Er hilft **immer** den anderen.)
> — Ils ne se séparent **jamais** de leur chien. (= Sie trennen sich **nie** von ihrem Hund.)
> — Ils se lèvent **tard** le week-end. (= Sie stehen am Wochenende **spät** auf.)
> — Le samedi soir, ils sortent **très souvent** avec leurs amis. (= Abends gehen sie **sehr oft** mit Freunden aus.)

9. Wo stehen die Zeitadverbien?

....

❗ Mündlich sind jedoch Varianten möglich.

PHONÉTIQUE

10. Hören Sie und schreiben Sie die Sätze auf. Achten Sie besonders auf die Laute [s] und [z].

PISTE 13

11. Markieren Sie die „x", die nicht ausgesprochen werden. Vergleichen Sie dann mit der Tonaufnahme.

PISTE 14

1. Il est six heures.
2. Ils sont dix frères et sœurs.
3. Ils sont dix amis au total.
4. Entre le français et l'espagnol, il y a beaucoup de faux amis.
5. On se voit dans dix jours.

TOUS ENSEMBLE / UNITÉ 6

LEXIQUE

1. Lesen Sie die Definitionen und ergänzen Sie die passenden Adjektive.

1. Il parle beaucoup et avec tout le monde.
   Il est s............................
2. Il donne beaucoup de sa personne.
   Il est g............................
3. Il observe beaucoup.
   Il est c............................
4. Il fait les choses toujours tout seul.
   Il est i............................
5. Il veut réussir dans sa vie professionnelle.
   Il est a............................
6. Il aime créer des choses nouvelles et originales.
   Il est c............................

SAVOIR UND POUVOIR

*Je **sais** nager* bedeutet, dass ich es gelernt habe.
*Je **peux** nager* bedeutet, dass die Umstände es auch erlauben.
Kannst du schwimmen? heißt nicht ~~Est-ce que tu peux nager~~? sondern: *Est-ce que tu **sais** nager?*

2. Ergänzen Sie die Sätze mit der konjugierten Form von pouvoir oder savoir.

1. • Tu .... jouer du piano ?
   ○ Non, je n'ai jamais appris.
2. • Vous .... jouer au ping-pong ?
   ○ Oui, mais sans balle nous ne .... pas jouer.
3. Je .... prendre ta voiture ? Maintenant je .... conduire !
4. Qui .... dire *bonjour* et *au revoir* en grec ?
5. Qui .... comment marche cet appareil ? Qui .... m'aider ?
6. Depuis son accident, il ne .... plus faire de sport.
7. .... vous où nous .... avoir des renseignements ?

3. Lesen Sie die Sätze und wählen Sie korrekte Option.

1. J'ai été fille au pair en argentine l'**an**/**année** dernière.
2. Elle travaille comme serveuse depuis cinq **années**/**ans**.
3. Cette **année**/**an**, nous avons fait un voyage en Asie.
4. Amélie Nothomb a publié son premier roman dans les **années**/**ans** 90.
5. Il a vécu pendant deux **ans**/**années** en Australie.
6. Il y a dix **ans**/**années**, elle a quitté la France et fait le tour du monde.

POUR ODER PENDANT?

Wenn ich vorhabe, für eine gewisse Zeit nach Italien zu fahren, sage ich:
— *Je pars **pour** une semaine en Italie.*
Im Passé composé drückt **pour** auch eine Absicht aus:
— *Il est parti **pour** un an mais il est resté plus longtemps.*
Wenn ich sagen möchte, dass ich mich für ein Jahr in Kanada aufgehalten habe, sage ich:
— *Je suis resté (**pendant**) un an au Canada.*

4. Setzen Sie pour oder pendant ein.

1. Après son examen, elle a travaillé .... deux ans dans un hôpital en Espagne.
2. Vendredi matin, il est parti .... trois jours à Genève.
3. Paul et moi, nous avons habité ensemble .... cinq ans.
4. Hier soir, ils ont discuté .... des heures mais ils n'ont pas trouvé de solution.
5. Sa fille a décidé d'aller .... un an dans une université anglaise.

> **DIE STELLUNG DER ZEITANGABEN IM SATZ**
>
> Normalerweise stehen die Zeitangaben nach dem Verb:
> — *Ils sont arrivés **en 1991**.*
>
> Die Zeitangabe kann aber auch am Anfang eines Satzes stehen, wenn sie hervorgehoben werden soll. Im Gegensatz zum Deutschen findet dann keine Inversion statt:
> — ***À la fin du mois de juillet**, nous avons eu les résultats des examens.*

5. Ergänzen Sie den Text mit den fehlenden Zeitadverbien: en, il y a, de, pendant, pour, à.

Anthony88
Montpellier

Membre depuis le : 26-06-14
Dernière connexion : il y a 1h

129 Messages

Envoyer un message privé

| À PROPOS | SUJETS SUIVIS | MESSAGES | BADGES |

Je suis né à Strasbourg .... 1988. J'ai habité dans cette ville .... vingt ans. Après mon bac, je suis parti .... six mois en Amérique latine. J'ai voyagé seul .... septembre .... février et j'ai appris l'espagnol .... quelques semaines. Juste avant de rentrer en Europe, j'ai rencontré Maria. Nous avons communiqué par mail .... presque un an. Maintenant nous vivons ensemble à Montpellier. .... trois ans, nous avons eu une petite fille qui parle espagnol et français.

TOUS ENSEMBLE / UNITÉ 6

GRAMMAIRE

DAS PASSÉ COMPOSÉ : À SAVOIR / GUT ZU WISSEN

Einige Verben bekommen im **Passé composé** eine andere Bedeutung. Hier einige geläufige Beispiele:
— *Elle **a eu** un enfant.* (= Sie hat ein Kind **bekommen**.)
— *Il **a eu** 30 ans la semaine dernière.* (= Er ist letzte Woche 30 Jahre alt **geworden**.)
— *Je n'**ai** pas **eu** de réponse.* (= Ich habe keine Antwort **erhalten**.)
— *On **s'est connus** / **rencontrés** à l'université.* (= Wir haben uns in der Uni **kennen gelernt**.)
— *Comment tu l'**as su** ?* (= Wie hast du es **erfahren**?)

Auf Französisch sagt man nicht:
— *J'ai fait mon bac* sondern: *J'ai **passé** mon bac.* (= le baccalauréat).
— *J'ai visité l'université* sondern: *Je **suis allé(e)** à la fac.* (= l'université).
— *J'ai fait des vacances en Bretagne* sondern: *J'ai **passé** des vacances en Bretagne.*

6. Übersetzen Sie.

1. Letztes Jahr sind wir zu Hause geblieben.

2. Wir haben letztes Jahr Rom besichtigt.

3. Ich bin drei Jahre lang mit dem Fahrrad zur Arbeit gefahren.

4. Um 10 Uhr sind die Läden schon offen.

5. Die Bäckerei öffnet um 7 Uhr.

6. Drei Jahre lang habe ich in Paris gelebt.

LES PRONOMS RELATIFS / *DIE RELATIVPRONOMEN* QUI *UND* QUE

Das Relativpronomen **qui** ist Subjekt des Nebensatzes:
— *Elle a une amie* + *Son amie comprend l'arabe* = *Elle a une amie **qui** comprend l'arabe.*

Das Relativpronomen **que** ist Objekt des Nebensatzes:
— *Sophia a apporté du chocolat suisse* + *J'aime ce chocolat* = *J'aime le chocolat suisse **que** Sophia a apporté.*

❗ **Que** wird vor einem Vokal zu **qu'** verkürzt.
— *Elle achète **une maison**. La maison est vieille.* = *La maison **qu'**elle achète est vieille.*

7. Ergänzen Sie mit den Pronomen qui oder que/qu'.

QUI SONT LES FRANÇAIS LES PLUS POPULAIRES ?

PARMI LES PERSONNALITÉS PRÉFÉRÉES DES FRANÇAIS FIGURENT JEAN-JACQUES GOLDMAN, OMAR SY ET SIMONE VEIL.

JEAN-JACQUES GOLDMAN

est un musicien .... écrit et .... compose pour de nombreux chanteurs, comme Céline Dion. C'est un artiste .... s'engage contre la pauvreté.

OMAR SY

est un acteur français .... est connu grâce au rôle .... il a joué dans le film « Les Intouchables » (en allemand : *Ziemlich beste Freunde*). C'est un acteur .... est très drôle, et .... joue aussi aux États-Unis.

SIMONE VEIL

est une femme politique .... a été ministre de la Santé. C'est la première femme .... a été présidente du Parlement Européen, de 1979 à 1982. « Une vie » est le titre de l'autobiographie .... elle a publiée en 2007.

TOUS ENSEMBLE / UNITÉ 6

DAS PASSÉ COMPOSÉ MIT ÊTRE

Nur wenige Verben werden mit dem Hilfsverb **être** konjugiert:
- alle reflexiven Verben
- die Verben, die einen Ortswechsel ausdrücken

naître und **mourir**

Im Gegensatz zum Deutschen gehören die Verben, die angeben **wie** man sich bewegt, nicht dazu. Aber es gibt einige unregelmäßige Formen.

❗ Das Verb **être** wird im passé composé immer mit dem Hilfsverb **avoir** konjugiert:
— Il **a** été malade. (= Er **ist** krank gewesen.)

8. Tragen Sie die Verben in die Zeichnung ein, die mit dem Passé composé konjugiert werden.

arriver
monter
descendre
aller
venir
tomber
(r)entrer
sortir
rester
naître
mourir

9. Ergänzen Sie das Gespräch mit être oder avoir im Passé composé.

Alors, tu as passé un bon weekend ?

Oui, super ! Nous (partir) .... à Toulouse. Je / J' (adorer) .... !

Ah, bon ! Qu'est-ce que vous (faire) .... à Toulouse ?

Nous (arriver) .... samedi matin, nous (visiter) .... le centre ville, le Capitole et la cathédrale.

Super ! Et vous avez bien mangé ?

À midi, nous (aller) .... dans un resto très sympa, où nous (manger) .... très bien ....

Hmmm, tu me rends jaloux !

Franchement, c'était un voyage excellent. Dimanche, on (se promener) .... au bord de la Garonne.

La prochaine fois, je viens aussi !

10. Wählen Sie jeweils die korrekte Option.

1. À Paris ? Oui, j'y suis allé en 2010.
   (Nous sommes en 2015.)
   - ☐ a. Je suis à Paris depuis 2010.
   - ☐ b. Je suis allé à Paris il y a cinq ans.

2. Je me suis installée dans cette maison en 2005.
   (Nous sommes en 2008.)
   - ☐ a. J'habite dans cette maison depuis trois ans.
   - ☐ b. J'ai emménagé dans cette maison il y a quatre ans.

3. J'ai acheté une nouvelle voiture en mars !
   (Nous somme en juillet.)
   - ☐ a. Il y a quelques mois, j'ai changé de voiture.
   - ☐ b. J'ai une nouvelle voiture depuis deux mois.

4. Il est 18 h ?! Marie m'attend !!
   (Marie a téléphoné à 16 h.)
   - ☐ a. Marie téléphone depuis deux heures.
   - ☐ b. Marie a téléphoné il y a deux heures.

PHONÉTIQUE

 11. Kreuzen Sie an, ob Sie je oder j'ai hören.
PISTE 15

 12. Kreuzen Sie jeweils an, ob Sie ein Verb im Präsens oder im Passé composé hören.
PISTE 16

	JE [ʒə]	J'AI [ʒɛ]
1		
2		
3		
4		
5		
6		
7		
8		
9		
10		

	présent	passé composé
1		
2		
3		
4		
5		
6		
7		
8		
9		
10		

13. Hören Sie noch einmal Track 16 und notieren Sie die Verben.

1. .... la cuisine ce soir.
2. .... un dîner hier. .... demain la Tour Eiffel.
3. .... personnellement Catherine Deneuve à Paris.
4. .... le Maroc en 2001.
5. .... en Chine il y a dix ans.
6. .... Marie depuis très longtemps.

DESTINS CROISÉS

Diese Persönlichkeiten haben zwischen Deutschland und Frankreich gelebt.
Können Sie die Namen mit den Lebensgeschichten verbinden?

- ☐ Stéphane Hessel
- ☐ Michel Tournier
- ☐ Romy Schneider
- ☐ Daniel Cohn-Bendit
- ☐ Heinrich Heine
- ☐ Adelbert von Chamisso
- ☐ Brigitte Sauzay
- ☐ Germaine de Staël
- ☐ Karl Lagerfeld
- ☐ Alfred Grosser

1 - Né en 1797 à Düsseldorf et mort en 1856 à Paris, c'est un des plus grands écrivains allemands. En 1831, fatigué de la censure en Allemagne, il s'installe à Paris. Il y travaille comme correspondant pour un quotidien de Augsburg. L'ensemble de ces articles est réuni dans un livre intitulé *La Situation Française* qui paraît en 1932 et auquel il ajoute une préface particulièrement critique. Ses œuvres sont alors interdites en Allemagne et il est obligé de rester en exil à Paris.

2 - Né en 1924 à Paris de parents germanistes, il devient lui-même germaniste ainsi que philosophe et écrivain. Après plusieurs séjours en Allemagne, il effectue une partie de ses études à Tübingen. Il traduit l'œuvre de Eric Maria Remarque en français. Son second roman *Le roi des Aulnes*, histoire d'un prisonnier français en Prusse orientale, obtient le prix Goncourt en 1970. Ce écrivain germanophile est décédé en janvier 2016.

3 - Née et morte à Paris (1766-1817), c'est une écrivaine et philosophe française qui a fait connaître l'Allemagne et sa littérature en France en publiant *De l'Allemagne* (1810/13) après un long séjour dans ce pays où elle rencontre entre autres Goethe et Schiller. Elle influence ainsi durablement l'image « romantique » que les Français se font de l'Allemagne. Napoléon fait interdire cet ouvrage qu'il juge trop élogieux pour l'Allemagne.

4 Homme politique né à Montauban en 1945 de parents allemands. Il a la double nationalité allemande et française (qu'il n'a obtenue qu'en 2014). Étudiant en sociologie à la faculté de Nanterre, il est une des figures les plus importantes du mouvement étudiant de 1968. Le 21 mai 1968, il est expulsé de France sur décision du ministre de l'Intérieur. Par la suite, il s'engage surtout dans les institutions de l'Union européenne.

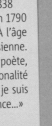

5 - Il naît en 1781 en France et meurt en 1838 à Berlin. Sa famille émigre en Allemagne en 1790 pour échapper à la Révolution française. À l'âge de 17 ans, il s'engage dans l'armée prussienne. C'est là qu'il apprend l'allemand. C'est un poète, écrivain et botaniste qui, bien que de nationalité française, écrit en allemand. « Ma patrie : je suis français en Allemagne et allemand en France… »

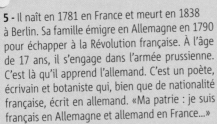

6 - Né en 1925 à Francfort-sur-le-Main, c'est un politologue, sociologue et historien franco-allemand. Sa famille s'est réfugiée en France en 1933. Il passe une agrégation d'allemand mais préfère enseigner à l'Institut d'études politiques de Paris. Ses travaux de recherche et son enseignement sont voués à la réconciliation et à la coopération franco-allemande.

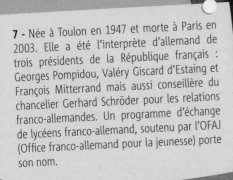

7 - Née à Toulon en 1947 et morte à Paris en 2003. Elle a été l'interprète d'allemand de trois présidents de la République français : Georges Pompidou, Valéry Giscard d'Estaing et François Mitterrand mais aussi conseillère du chancelier Gerhard Schröder pour les relations franco-allemandes. Un programme d'échange de lycéens franco-allemand, soutenu par l'OFAJ (Office franco-allemand pour la jeunesse) porte son nom.

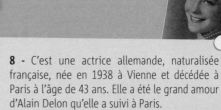

8 - C'est une actrice allemande, naturalisée française, née en 1938 à Vienne et décédée à Paris à l'âge de 43 ans. Elle a été le grand amour d'Alain Delon qu'elle a suivi à Paris.

9 - Né dans les années 1930 à Hambourg, il s'installe à Paris au début des années 50 et devient un grand couturier. Directeur artistique de la maison de haute couture Chanel, il est nommé en 2012 « styliste le plus influent de ces vingt-cinq dernières années ».

10 - Il est né à Berlin en 1917 et mort français en 2013 à Paris. Après des études à l'École normale supérieure, il rejoint la Résistance. En 1945, il entre au ministère des Affaires étrangères. Jusqu'à sa mort en 2013, il s'engage dans les débats politiques et appelle les citoyens à « s'indigner ». Son livre *Indignez-vous !* paraît en 2010 et connaît un énorme succès médiatique).

LA VIE EN ROSE / UNITÉ 7

LEXIQUE

1. Füllen Sie das Kreuzworträtsel mit den französischen Entsprechungen aus.

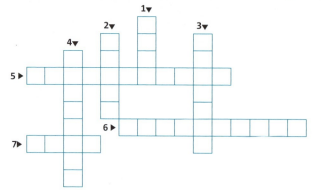

Senkrecht:
1. Kleid
2. Jacke
3. Hemd
4. Hose

Waagerecht:
5. Socken
6. Schuhe
7. Pullover

2. Sehen Sie sich die Karte an und ergänzen Sie den Text.

pleut - températures (x2) - neige - beau temps - froid - frais - chaud

À Lille, il .... Le temps est .... pour la saison.
À Marseille. C'est l'été dans le sud ! Il fait très .... avec des .... de 20 degrés le matin et de 25 dans l'après-midi.
À Grenoble, il .... Attention, Il fait très ....
Nantes. Très .... pour toute la journée. Les ...., de 15 degrés le matin et 20 l'après-midi.

3. Finden Sie jeweils das Kleidungsstück oder Accessoire, das nicht zum in Aufgabe 2 beschriebenen Wetter passt.

1. Lille

   | une veste | une écharpe | des sandales |

2. Marseille

   | un pull-over | des lunettes de soleil | un T-shirt |

3. Grenoble

   | un bonnet | un short | un jean |

4. Nantes

   | une robe | des baskets | un parapluie |

4. Ordnen Sie jeder Jahreszeit die entsprechenden Monate zu.

avril - juin - décembre - janvier - mars - juillet - août - novembre - mai - octobre - février - septembre

AUTOMNE	
HIVER	
PRINTEMPS	
ÉTÉ	

5. Welche Artikel kann man wo kaufen? Ordnen Sie zu.

- a. chez le fleuriste
- b. à la librairie
- c. à la boulangerie-pâtisserie
- d. dans un magasin de vêtements
- e. à la parfumerie
- f. au supermarché

1. un pain
2. un foulard
3. un camembert
4. un gâteau au chocolat
5. un parfum
6. des fleurs
7. du maquillage
8. une veste
9. un livre
10. une BD
11. des roses

GRAMMAIRE

6. Ergänzen Sie die Sätze mit der konjugierten Form von <u>pouvoir</u> und <u>vouloir</u>.

1. • Nous .... organiser une fête surprise pour Vincent, c'est son anniversaire. Tu .... nous aider ?
   ◦ Si tu ...., nous .... réserver une table dans un restaurant.

2. • Je .... vous aider ?
   ◦ Oui, nous .... prendre le train de 18h mais on ne sait pas où acheter les billets.

3. • Vous .... travailler avec nous ?
   ◦ Merci, mais je ne .... pas, je n'ai pas fini mes études à l'université.

4. • Vous .... vous arrêter de bouger ?
   Je .... prendre une photo de la mer.

5. • Ils ne .... pas partir en vacances cet été mais ils .... quand même organiser un petit week-end.

7. Ergänzen Sie die passenden Endungen.

1. Un Foulard blanc.......... et marron..............
2. Une veste violet..............
3. Des sandales blanc..........et jaune..............
4. Une robe marron.......... et orange..............
5. Une écharpe gris..............
6. Des chaussures bleu..................

8. Wählen Sie für jede Redensart die passende Farbe und übersetzen Sie den Ausdruck ins Deutsche.

1. Sarah est .... de colère.
   rouge   verte   bleu

2. Tu es .... comme neige.
   rose   noir   blanc

3. Je suis fatigué. J'ai passé une nuit ....
   noire   rose   blanche

4. Elle voit toujours tout en ....
   gris   noir   rose

5. Je suis .... de rage.
   rouge   vert   blanc

6. Ma mère est un véritable cordon ....
   jaune   vert   bleu

7. On paye avec une carte ....
   bleue   jaune   verte

LA VIE EN ROSE / UNITÉ 7

EXPRIMER UN SOUHAIT / EINEN WUNSCH ÄUSSERN

- **Je voudrais** ist die Konditionalform des Verbs **vouloir**: So wird ein Wunsch / eine Bitte höflich ausgedrückt.
  — *Je voudrais une baguette s'il vous plaît.*
  — *Je voudrais **une carte de téléphone** pour 5 €, s'il vous plaît.* -> Ich möchte (+ Nomen) = etwas haben.
  — *Je voudrais **recharger** mon téléphone.* -> Ich möchte (+ Verb) = etwas tun.

- **Je voudrais bien + verbe**: Der geäußerte Wunsch muss nicht in Erfüllung gehen.
Ebenso: **j'aimerais** und **j'aimerais bien**.
  — *Je voudrais bien **aller** un jour en Islande. **J'aimerais voir** les volcans.*
  — *Il voudrait bien **voyager** plus souvent. **Il aimerait bien visiter** la Scandinavie.*

- **Je veux bien** ist die positive Antwort auf einen Vorschlag / ein Angebot, im Sinne von *ja gern*.
  — *On va à la piscine demain ? – D'accord, **je veux bien**.*
  — *Tu veux mon sandwich ? – **Je veux bien**, merci.*
  — *Tu viens me chercher à l'aéroport ? – **Je veux bien**, tu arrives à quelle heure ?*

9. Was sind Ihre Wünsche für das kommende Jahr? Schreiben Sie auf, was auf Ihrer eigenen To-do-Liste steht und verwenden Sie dabei folgende Ausdrücke und Zeitadverbien.

`j'aimerais` `je voudrais` `j'aimerais bien` `je veux` `je voudrais bien`
`pendant` `ensuite` `d'abord` `enfin` `avant`

- *L'année prochaine…*
- ☐ ....
- ☐ ....
- ☐ ....
- ☐ ....
- ☐ ....

LA CONSTRUCTION DES PHRASES INTERROGATIVES / DIE WORTSTELLUNG IM FRAGESATZ

— *Pouvez-vous m'expliquer la règle de grammaire ?* Gehobener Stil, wird meistens schriftlich benutzt
— *Est-ce que vous pouvez m'expliquer cette règle ?* Standard, sowohl mündlich als auch schriftlich
— *Vous pouvez m'expliquer encore une fois ?* Umgangssprachliche Alltagssprache, nur mündlich oder informelle Nachrichten wie z. B. SMS

10. Bilden Sie Fragesätze.

1. à avec tu Est-ce que manges midi nous ?
....
2. cherchez hôtel un Vous ?
....
3. aime cuisine faire Il la ?
....
4. aimes Est-ce que tu nouveau parfum mon ?
....
5. anniversaire ton tu invites pour est-ce que Qui ?
....
6. allons chez déjeuner est-ce que nous parents Quand tes ?
....
7. au avec tu ce cinéma ne nous pas Pourquoi soir viens ?
....

11. Formulieren Sie folgende Fragen in einen gehobenen Stil um.

1. Est-ce que tu as un couteau ?
....
2. Comment est-ce qu'on fait un gâteau breton ?
....
3. Est-ce que vous mettez des bottes en hiver ?
....
4. Pourquoi est-ce que tu as déjà fait ta valise ?
....
5. Est-ce que vous avez réservé longtemps à l'avance ?
6. Vous connaissez le nom de cet acteur ?
....
7. Est-ce que vous voulez partir avec moi cet été ?
....
8. Quand est-ce que vous dînez au restaurant ?
....
9. Est-ce qu'il est très malade ?
....
10. Est-ce que vous avez eu une réponse rapide ?

> **LE PRONOM RELATIF OÙ / DAS RELATIVPRONOMEN OÙ**
>
> Es kann sowohl einen <u>Ort</u> als auch einen <u>Zeitpunkt</u> bezeichnen:
> — Le **village** <u>où</u> il est né est très joli.
> — Quels est **le jour** <u>où</u> vous allez faire les magasins ?

12. Wie sagen Sie Folgendes auf Deutsch?

1. Le jour où elle a eu le bac. ....
2. La semaine où il m'a téléphoné. ....
3. Le soir où tu as perdu tes clés. ....
4. La maison où j'ai passé mes vacances. ....
5. La saison où les premières tomates arrivent. ....
6. La piscine où j'ai appris à nager. ....
7. Le lycée où elle a passé son bac. ....

❗ Beachten Sie, dass im Französischen in der Regel kein Komma vor dem Relativsatz steht.

LA VIE EN ROSE / UNITÉ 7

L'IMPÉRATIF / DER IMPERATIV

- Im Gegensatz zum Deutschen gibt es auch eine Imperativform für die erste Person Plural:
  — *Levons-nous, il est déjà 10 heures.* (= Lasst uns aufstehen, es ist schon 10.)
  — *Prenons le métro !* (= Lasst uns U-Bahn fahren.)

- Beachten Sie, dass dem Imperativ in der zweiten Person Plural kein Subjektpronomen folgt:
  — *Travaillez !* (= Arbeiten Sie!)

- Bei den reflexiven Verben steht das unverbundene Pronomen (**moi**, **toi**, **lui**...) nach dem Verb, es wird mit einem Bindestrich mit ihm verbunden.
  — *Excuse-toi !* (= Entschuldige dich!)
  — *Excusez-vous !* (= Entschuldigt euch!)
  — *Excusez-vous !* (= Entschuldigen Sie sich!)

13. Wie lauten diese Sätze auf Französisch?

1. Warten Sie. ....
2. Erhole dich gut. ....
3. Warte. ....
4. Erholen Sie sich. ....
5. Schreiben Sie bitte Ihre Adresse auf. ....
6. Vergiss deinen Pass nicht! ....
7. Kaufe bitte nichts für mich. ....
8. Suchen Sie einen schönen Platz. ....
9. Essen Sie weniger am Abend! ....
10. Kommen Sie mit uns! ....

14. Ergänzen Sie die Werbeanzeige mit den konjugierten Verben.

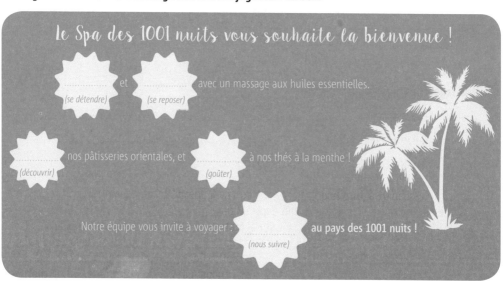

PHONÉTIQUE

- Im gehobenen Französisch ist die Satzstellung der Frage wie im Deutschen:
  — *Où mange-t-elle à midi ?* (= Wo isst sie zu Mittag?)
- Das Personalpronomen steht nach dem Verb und wird mit einem Bindestrich verbunden.
- Das Pronomen wird auch hörbar an das Verb gebunden:
  — *Boit-il assez d'eau pendant la journée ?* [bwatil]
- Wenn das Verb auf **d** endet, klingt die Verbindung wie ein **t**.
  — *Prend-il un taxi **pour** aller à l'aéroport ?* [pʁɑ̃til]
- Wenn das Verb auf **e** oder **a** endet, wird ein **t** zwischen zwei Bindestrichen eingeschoben, so dass die Aussprache weiterhin gleich klingt:
  — *Y a-t-il une boulangerie par ici ?* [jatil]
  — *Préfère-t-elle nous attendre ici ?* [pʁefɛʁtɛl]
  — *A-t-il compris le message ?* [atil]

15. Schreiben Sie die Sätze auf, die Sie hören.

16. Hören Sie die Sätze und kreuzen Sie an, ob Sie pouvoir / vouloir im Singular oder im Plural hören.

	Singular	Plural
1		
2		
3		
4		
5		
6		
7		
8		

17. Hören Sie die Farben und sagen Sie, wozu sie passen. Es gibt mehrere Möglichkeiten.

1. pantalon / écharpe
2. baskets / robe
3. bonnet / montre
4. chaussures / ceinture
5. sac / t-shirt
6. shorts / chaussettes

BEC SUCRÉ, BEC SALÉ / UNITÉ 8

LEXIQUE

1. Ergänzen Sie mit dem passenden Artikel: le, la, les, l'.

1. .... sucre
2. .... eau
3. .... tomate
4. .... lait
5. .... huile
6. .... légumes
7. .... beurre
8. .... crêpe
9. .... glace à la vanille
10. .... ananas
11. .... banane
12. .... café
13. .... pommes de terre
14. .... pâtes
15. .... jambon

LES ALIMENTS / LEBENSMITTEL

Einige Lebensmittel haben im Französischen ein anderes Geschlecht als im Deutschen.
le chocolat (= **die** Schokolade)
le beurre (= **die** Butter)
le lait (= **die** Milch)
l'ananas (= **die** Ananas)

2. Korrigieren Sie die Einkaufsliste.

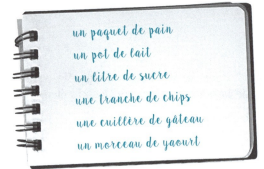

un paquet de pain
un pot de lait
un litre de sucre
une tranche de chips
une cuillère de gâteau
un morceau de yaourt

3. Mengenangaben: Ordnen Sie zu.

a. litre	1. cc
b. cuillerée	2. k
c. centilitre	3. cuil
d. gramme	4. 1/2 k
e. cuillère à café	5. cl
f. demi-kilo	6. L
g. kilo	7. g

4. Ordnen Sie die Gerichte dem Menü zu.

Soupe de poisson	Gratin dauphinois	Assiette de charcuterie	Steak Tartare
Crêpe au sucre	Mousse au chocolat	Tarte au citron	Salade montagnarde
Quiche Lorraine avec salade verte	Plateau de fromage	Cassoulet	Tarte Tatin
Confit de canard	Glaces	Salade de fruits	Paupiettes de veau

Le Bistrot

Entrée :
....
....

Plat principal :
....
....

Dessert :
....
....

8

- Das Verb *kochen* wird nicht immer gleich ausgedrückt. Im Sinne von *Essen zubereiten* heißt es **faire la cuisine** oder **cuisiner**. Etwas *kochen*, *garen* oder *abkochen* heißt **faire cuire quelque chose**:
  — Mon ami ne veut pas **faire la cuisine** pour la fête.
  — Combien de temps doit-on **faire cuire** les asperges ?

- Das Verb **goûter** heißt *kosten* (um zu wissen, wie es schmeckt):
  — Tu veux **goûter** la sauce s'il te plaît ? Il y a assez de sel ?

- Das Nomen le **goût** ist der Geschmack (ohne Wertung):
  — Tu aimes le **goût** du fromage de chèvre ?

- Um auszudrücken, dass *etwas schmeckt*, kann man sagen:
  — Il est bon ce café ! J'aime ta confiture faite maison. C'est très bon. C'est délicieux.

- Die Ausdrücke *süß* und *herzhaft* werden mit **sucré** und **salé** wiedergegeben.
  — Tu préfères le pop corn **sucré** ou le pop corn **salé** ?

5. Übersetzen Sie die Wörter. Finden Sie dann die französischen Wörter im Kreuzworträtsel.

Salz
Tee
Besteck
Butterbrot
Torte
Schüssel
Vorspeise
Eis
Obst
Schale
Reis
Walnuss
Fisch

T	H	E	B	F	R	G	B	O	L
A	D	T	A	R	T	E	Q	S	G
R	V	C	V	U	B	K	C	P	T
T	X	P	O	I	S	S	O	N	E
I	Y	L	J	T	E	Q	U	W	D
N	H	A	L	E	L	A	V	R	G
E	N	T	R	E	E	D	E	T	L
	P	O	U	I	S	A	G	R	B	A
	A	I	G	Z	C	U	H	T	N	C
	F	X	T	O	B	T	H	E	L	E

BEC SUCRÉ, BEC SALÉ / UNITÉ 8

GRAMMAIRE

ARTICLE PARTITIF OU ARTICLE DÉFINI ? / TEILUNGSARTIKEL ODER BESTIMMTER ARTIKEL?

- Zur Erinnerung: Nach den Verben **aimer**, **préférer**, **détester**, **adorer** folgt der bestimmte Artikel:
  — *J'aime **le** thé* (= Ich trinke gern Tee): Es ist eine Aussage über Tee im Allgemeinen.
  — *Je voudrais **du** thé* (= Ich möchte Tee haben): Es geht hier um eine gewisse (wenn auch nicht näher definierte) Teemenge.

6. Ergänzen Sie die Sätze mit du, de la, le, la oder de.

1. Je voudrais .... salade mais pas de .... fromage.
2. Il aime bien .... choucroute mais pas .... cassoulet.
3. Il n'aime pas .... viande et il ne mange jamais .... charcuterie.
4. Il préfère .... poisson. Il mange aussi beaucoup .... légumes.

LE PRONOM D'OBJET DIRECT / DAS DIREKTE OBJEKTPRONOMEN

- Beachten Sie, dass die Formen des direkten Objektpronomens denen des bestimmten Artikels gleichen. Nicht verwechseln! Während ein Artikel vor einem Substantiv steht, steht ein Objektpronomen vor einem Verb:
  — *Elle adore **le** café au lait. Elle **le** boit avec beaucoup de sucre.*

7. Sie planen ein Picknick. Fügen Sie die richtigen Pronomen ein.

1. Le pain, c'est Jules qui .... achète.
2. Les boissons, c'est Julie qui .... apporte.
3. Et les verres ? C'est moi qui .... prends.
4. La salade, c'est Malika qui .... fait le mieux !
5. Le fromage, c'est ma voisine qui .... apporte.
6. Les fruits, qui est-ce qui .... achète ?
7. Et le couscous, comment tu .... fais ?
8. Et la table, c'est toi qui .... transportes dans ta voiture ?
9. Et les voisins, on .... invite ?
10. Qui a un jeu de badminton ? J'ai les raquettes mais les volants, je ne .... ai plus !

> ❗ Das Objektpronomen steht im Präsens <u>vor dem konjugierten Verb</u>.
> — *Elle apprend l'anglais à l'école. Elle l'apprend très vite.*

> ❗ In der Verneinung steht das Pronomen <u>unmittelbar vor dem Verb</u>:
> • *Tu connais **la règle du jeu** ?*
> ◦ *Non, je ne **la** connais pas.*

8. Beantworten Sie die Fragen negativ.

1. Tu aimes les sushis ? Non, ...

2. Tu goûtes le vin avant de le servir ? ....

3. Cette huile, tu l'utilises aussi pour la salade. ....

4. Le client règle l'addition en liquide ? ....

5. Ton fils aime les pâtes ? ....

6. Tes parents connaissent la cuisine allemande. ....

7. Vous mangez les fruits en dessert ? ....

> ❗ Beachten Sie, dass die Verben **aider** quelqu'un (jemandem helfen) und **remercier** quelqu'un (jemandem danken) im Französischen mit einem **direkten** Objektpronomen verwendet werden:
> — *Nos voisins déménagent. Nous **les** aidons à porter les cartons.*
> — *Il m'a beaucoup aidé. Je l'invite à dîner pour **le** remercier.*

> • **Le** entspricht dem deutschen „es".
> — *Il est papa depuis hier, il le dit à tout le monde.*
> — *Il ne peut pas aller chercher sa mère à l'aéroport. Je le fais pour lui.*
> — *Elle adore travailler dans son jardin. Elle le fait tous les dimanches.*

9. Übersetzen Sie die folgenden Sätze.

1. Il faut que j'achète du lait. ....

2. Tu dois manger sainement. ....

3. Il faut ajouter un peu de lait. ....

4. Il faut préparer cette recette pour demain. ....

5. Tu dois amener une tarte pour le dîner. ....

BEC SUCRÉ, BEC SALÉ / UNITÉ 8

LE FUTUR PROCHE / DIE SATZSTELLUNG IM NAHEN FUTUR

- Im Aussagesatz:
  — Je suis sûr que tu vas adorer ma famille !
- In der Verneinung (Die Verneinung umrahmt das konjugierte Hilfsverb):
  — J'espère qu'ils **ne** vont **pas** arriver en retard.
- Mit einem Objektpronomen (Das Objektpronomen steht vor dem Infinitiv, auf den es sich inhaltlich bezieht):
  — Il va **le** dire à son amie.
  — Elle ne va pas **le** comprendre.

10. Ordnen Sie die Wörter zu ganzen Sätzen.

1. à, à, allons, jours, la, mer, partir, nous, Pâques, pour, trois
   ....
2. année, Bretagne, cette, en, ils, leurs, ne, pas, passer, vacances, vont
   ....
3. aller, anniversaire, au, ne, pas, ton, pour, vas, restaurant, tu, ?
   ....
4. alsacien, donner, du, kouglof, me, vas, ta, tu, recette, ?
   ....
5. à, au, allez, apprendre, couscous, est-ce, faire, le, où, que, poisson, vous, ?
   ....
6. au, citron, comment, fais, je, je, la, montrer, tarte, te, vais
   ....
7. arriver, avec, cousin, demain, deux, enfants, et, femme, matin, mon, sa, ses, va
   ....

LES ADVERBES DE QUANTITÉ / ADVERBIEN DER MENGENANGABE

Den Adverbien **peu**, **trop**, **assez**, **beaucoup** folgt immer die Präposition **de** im Singular oder Plural.

11. Sehen Sie sich die Bestellung dieser achtköpfigen Familie an und kommentieren Sie die Mengen.

TABLE Nº: *14*   NOMBRE DE COUVERTS: *8*
Entrée : 12 salades lyonnaises
Plat : 3 Paupiettes de veau
Dessert : 4 îles flottantes / 4 tartes aux pommes
Boisson : 2 bouteilles d'eau

PHONÉTIQUE

12. Hören Sie zu und kreuzen Sie an, wie oft Sie jeweils den Nasallaut [ã] hören.

	einmal	zweimal	dreimal
1			
2			
3			
4			
5			

13. Hören Sie noch einmal und notieren Sie die Wörter mit [ã].

1. ....
2. ....
3. ....
4. ....
5. ....

14. Hören Sie zu und kreuzen Sie an, wie oft Sie jeweils den Nasallaut [ɛ̃] hören.

	einmal	zweimal	dreimal
1			
2			
3			
4			
5			

15. Hören Sie und markieren Sie jeweils das Wort, das Sie hören.

1. bon / vin
2. sain / son
3. pont / sans
4. temps / ton
5. lin / lent
6. bain / banc
7. sain / sang
8. blanc / blond

16. Hören Sie zu und kreuzen Sie jeweils an, ob Sie den Laut [ɛ̃], den Laut [ã] oder beide Laute hören.

	[ɛ̃]	[ã]	[ɛ̃] / [ã]
1			
2			
3			
4			
5			
6			
7			

17. Hören Sie und tragen Sie die fehlenden Wörter ein. Achten Sie insbesondere auf die Schreibung der Nasallaute.

Le .... universitaire

* * *

Les cuisines préparent .... million de repas par .... avec une salle de plus de .... places assises.

* * *

Ouvert à tous.

Horaires : ouvert midi et soir 7/7 sauf .... universitaires.

* * *

Cette semaine au choix :

Pizza : .... - ....

Tarte .... : nature, forestière

Salade verte – Fruit ou **dessert**

Tous les jours des produits bio .... disponibles : fruits, ..., jus de fruits et de légumes.

* * *

Le .... est accessible à tous les ....

Accueil ...., ... et ....

Nous .... : restoU@strasbourg.fr

L'AMITIÉ FRANCO-ALLEMANDE AU QUOTIDIEN

ROBERT
82 ans
Montpellier

Quand vous êtes-vous installé en France ?
Il y a plus de vingt ans. J'ai acheté une vieille maison en pierres dans un tout petit village et je l'ai restaurée. J'ai tout fait moi-même.

Qu'est-ce qui vous a donné envie de vous installer ici ?
Tout d'abord, ma compagne, que j'ai connue en Allemagne et qui est française. Au moment de la retraite, elle a voulu retourner dans son pays et j'ai tout de suite été d'accord. J'aime le paysage, la nourriture, le soleil... Le seul vrai problème a été la langue. Mais avec un verre de vin, on arrive toujours à se faire comprendre...

Est-ce que l'Allemagne vous manque ?
À vrai dire oui, un peu. Mais j'y retourne de temps en temps. Ma famille est à Karlsruhe, ce n'est pas trop loin de la frontière. Et puis, je regarde les programmes allemands à la télévision !

RÉGIS
29 ans
Cologne

Comment êtes-vous arrivé à Cologne ?
Bonne question, je me le demande aussi parfois. En fait, c'est l'amour. J'ai connu une Allemande qui passait ses vacances dans le Finistère. Nous nous sommes revus. Je suis venu lui rendre visite ici. Et elle est tombée enceinte, alors...

La France vous manque beaucoup ?
Non, pas vraiment. J'étais de toute façon au chômage. Je pense que je trouverai plus facilement du travail ici. Et pour le moment, c'est moi qui m'occupe du bébé parce que ma copine travaille. Je n'ai pas le temps de m'ennuyer. La seule chose qui m'étonne un peu, c'est que les Allemands ne rient pas beaucoup. Quand on se retrouve autour d'une bière, ils discutent de leurs problèmes au lieu de s'amuser.

SANDRA
36 ans
Vaulx-Milieu

Vous parlez couramment le français, Où l'avez-vous appris ?
D'abord à l'école, puis à la fac. J'ai effectué de nombreux séjours en France quand j'étais étudiante. Par exemple pour faire les vendanges. En fait, mes parents étaient déjà très francophiles. On passait toutes les vacances d'été en Bretagne ou près de Bordeaux.

C'est pendant les vendanges que vous avez connu votre mari ?
Oui, effectivement ! Maintenant nous avons deux enfants bilingues mais lui, il ne parle toujours pas l'allemand ! Il dit que l'allemand est trop difficile à apprendre à cause des « cas » qui n'existent pas en français. J'espère qu'il changera d'avis un jour.

Lesen Sie die Texte und beantworten Sie die folgende Frage:

A. Warum sind die Personen nach Frankreich bzw. nach Deutschland ausgewandert? Verbinden Sie.

Robert •
Régis •
Sandra •
Marc •
Julie •
Petra •

• pour faire des études
• parce qu'ils aiment le pays
• par amour

MARC
21 ans
Göttingen

Vous êtes arrivé en Allemagne cette année ?
Oui, je suis ici depuis trois mois. Je fais une année avec le programme Erasmus.

Avez-vous trouvé l'université allemande très différente ?
Oui, ici les professeurs sont plus accessibles et on est plus libres, on discute plus. Ça me plaît beaucoup. Par contre j'ai un peu de mal à avoir des contacts avec les étudiants allemands. On se retrouve plus souvent entre étudiants Erasmus venus des quatre coins de l'Europe.
C'est un peu dommage parce que je ne fais pas de vrais progrès en allemand, seulement en anglais !

Vous regrettez d'être venu ?
Non, non. Pas du tout. Göttingen est une ville très agréable pour les étudiants et la vie n'est pas chère. J'adore me déplacer à vélo. C'est vraiment un plaisir d'étudier ici.

JULIE
32 ans
Berlin

Pourquoi êtes-vous venue à Berlin ?
La ville m'a plu tout de suite la première fois que je suis venue. J'aime beaucoup voyager et j'ai visité beaucoup de villes, mais Berlin m'a vraiment donné envie. Je travaille en free-lance, donc je peux vivre dans la ville de mon choix.

Vous vivez à Berlin depuis longtemps ?
Environ sept ans, mais je suis partie pour un an à Chicago pour un travail très important. Une amie est restée dans mon appartement pendant cette année, j'ai donc pu y revenir ensuite.

La France vous manque parfois ?
Non, pas vraiment. Ma famille vit à Paris, c'est très facile de se voir souvent. Mais je n'ai pas encore trouvé de bonne boulangerie dans mon quartier, et ça me manque un peu.

B. *Vrai* oder *faux*? Kreuzen Sie an.
1. Robert habite en France depuis plus de vingt ans.
   ☐ vrai ☐ faux
2. Régis veut retourner en France.
   ☐ vrai ☐ faux
3. Sandra a passé beaucoup de temps en France avec ses parents.
   ☐ vrai ☐ faux
4. Marc ne parle bien allemand.
   ☐ vrai ☐ faux
5. Julie trouve du bon pain à Berlin.
   ☐ vrai ☐ faux
6. Petra pense qu'il pleut tout le temps à Marseille.
   ☐ vrai ☐ faux

PETRA
37 ans
Marseille

Depuis quand êtes-vous en France ?
Depuis onze ans. Je suis venue après mes études.

Vous avez toujours vécu à Marseille ?
Non, j'ai d'abord habité à Strasbourg, où j'ai fait un stage. Ensuite, j'ai rencontré mon compagnon qui est marseillais, nous avons décidé de partir pour Marseille il y a huit ans.

Qu'est-ce qui vous plaît le plus à Marseille ?
Le beau temps ! Je viens de Hambourg et j'adore la mer, qui me manquait beaucoup à Strasbourg. Ici, je peux aller me baigner souvent, c'est idéal.

VIE QUOTIDIENNE

A comme apéro

Vous êtes invités à dîner chez des amis ? Vous prendrez sûrement l'apéritif (apéro) avant de passer à table. Mais si vous êtes invités pour l'apéro, ne restez pas trop longtemps : ce n'est pas une invitation à dîner !

B comme baguette

Les Français en mangent presque à chaque repas. La plupart des boulangeries préparent des sandwiches dans une demi-baguette. Le plus typique ? Jambon-beurre, tout simplement !

C comme café

En France, on boit souvent un café le matin au petit déjeuner et à la fin d'un repas.

D comme dîner

Le dîner comporte en général une entrée, un plat chaud et un dessert. Il n'est pas habituel de se contenter de tartines comme en Allemagne. En Suisse, en Belgique et au Canada, « le dîner », c'est le nom du repas de midi et le repas du soir se nomme « le souper ».

E comme école

Pourquoi les enfants n'ont-ils pas de « Einschulung » comme en Allemagne ? À 3 ans, les enfants vont déjà à l'école maternelle. Cette petite école a trois sections (petite, moyenne et grande). La première classe de la grande école, l'école primaire, s'appelle le CP (cours préparatoire).

F comme fleurs

Quand vous achetez des fleurs, le fleuriste les emballe dans un joli papier avec un ruban. Vous devez donc offrir le bouquet dans son emballage car celui-ci fait partie du cadeau.

G comme goûter

Le goûter est souvent que pour les enfants. Vers 16 h ou 16 h 30, ils ont droit à un « quatre-heures » : des tartines ou des biscuits. Pour les adultes, il n'y a pas de « Kaffee und Kuchen ».

H comme humour

Les Français aiment rire, ils aiment faire des jeux de mots, être ironiques, raconter des blagues. Ils aiment beaucoup taquiner les autres... Ils s'étonnent parfois de constater que leur humour ne plaît pas à tout le monde. Ne vous vexez pas : si un français se moque de vous, c'est probablement qu'il vous aime bien !

I comme invitation

Si vous êtes invité à 20 h précises, il faut naturellement arriver à l'heure. Dans tous les autres cas, il ne faut pas être en avance. C'est considéré comme impoli ! Respectez le quart d'heure de politesse. Arrivez un quart d'heure ou au plus une demi-heure après l'heure indiquée.

J comme JT

Le Journal Télévisé. Les familles françaises se réunissent devant le « 20 heures » diffusé sur les grandes chaînes de télévision.

K comme kir

Pour préparer un kir, versez une dose crème de cassis dans 4 doses de vin blanc sec. Si vous remplacez le vin blanc par du champagne, vous aurez un kir royal. Le kir est un apéro très apprécié et très courant.

L comme lit

Chacun s'étonne des habitudes des autres : une couette pour deux personnes, c'est normal en France. Les Français trouvent curieux que de l'autre côté de Rhin on préfère avoir une couette par personne.

M comme mademoiselle

Mademoiselle ou *Madame* ? Cette question ne doit plus être posée pour savoir si une femme est mariée ou pas. La case *mademoiselle* a disparu des formulaires administratifs en 2012 : *monsieur* ou *madame*, c'est suffisant.

N comme nudité

Mettre son maillot de bain à la plage, prendre une douche avant de plonger dans la piscine, aller au sauna ou au spa : en France, dans ces situations, on se cache beaucoup plus qu'en Allemagne, et on ne se met jamais nu en public (sauf dans les zones réservées).

LA FRANCE DE A À Z

O comme opération escargot

Des voitures, des camions et des tracteurs qui roulent à la vitesse d'un escargot, qui provoquent un énorme bouchon sur une route ou une autoroute : voilà une des manières à la française de dire que l'on n'est pas contents et que l'on voudrait que ça change.

P comme pourboire

Dans les restaurants et les cafés, le pourboire se donne selon son degré de satisfaction, il n'est pas obligatoire. Il est d'usage de laisser les pièces dans la soucoupe ou sur la table.

Q comme Quatorze-juillet

Le 14 juillet, c'est la fête nationale. Le défilé militaire sur l'avenue des Champs-Élysées attire des dizaines de milliers de spectateurs. Le soir, les Français vont danser au bal des pompiers ou admirer les feux d'artifice.

R comme rentrée

En septembre, c'est la rentrée des classes. Les grandes vacances sont terminées. Le gouvernement, les maisons d'éditions, les universités : chacun à sa rentrée et le mois de septembre est synonyme de nouveau départ, de nouvelle année.

S comme saluer

Faire la bise ? Oui, mais à qui et combien ? 2, 3, 4 ? Les femmes font généralement la bise à tout le monde, les hommes se serrent la main entre eux – mais cela change selon les régions, les milieux, l'âge... La meilleure solution, c'est d'observer son entourage et de se laisser guider.

T comme tabou

Parler d'argent, de religion, de politique avec des personnes que l'on ne connaît pas bien n'est jamais une bonne idée. Même entre bons amis, voire en famille, ces questions peuvent être véritablement tabou.

U comme urgences

S'il vous arrive quelque chose de grave, vous pouvez appeler le SAMU (service d'aide médicale urgente) au numéro 15, police secours au 17 ou les pompiers au 18. Depuis un portable, appelez le 112.

V comme vin

La France est le pays où l'on boit le plus de vin (devant le Portugal et l'Italie). Les Français sont parfois très pointilleux sur le vin, et peuvent passer des heures à vous expliquer que le blanc, ça ne va pas avec le fromage. Mais ils ne sont pas tous d'accord non plus !

W comme Wallonie

La Wallonie (prononcez : wa.lɔni) est la partie francophone de la Belgique, sa capitale est Namur.

X comme l'X

L'X, surnom donné à l'École polytechnique, est une école d'ingénieurs prestigieuse. En France, les élites ne sont pas formées dans les universités mais dans les grandes écoles. L'École nationale d'administration (ENA), la plus connue, forme les dirigeants politiques.

Y comme génération Y

Née dans les années 1980/90, elle a toujours connu les téléphones portables, les GPS, la photo numérique, l'écologie. C'est aussi la génération Erasmus : les jeunes français ont souvent des amis aux quatre coins de l'Europe.

Z comme Zizou

Zizou, c'est le petit nom que les fans de Zinedine Zidane lui on donné. On ne touche pas à l'idole ! Quel que soit votre avis sur le « plus grand joueur de tous les temps », tâchez de ne pas en dire trop de mal.

ENTRE NOUS 1

ZUSATZHEFT FÜR DEUTSCHSPRACHIGE LERNENDE (A1)

AUTORIN
Catherine Benoit

PÄDAGOGISCHE LEITUNG
Anne-Sophie Fauvel

GRAFISCHE GESTALTUNG
Guillermo Bejarano

ILLUSTRATIONEN
Alejandro Milà

PROJEKTLEITUNG UND REDAKTION
Agathe Friguet, Estelle Foullon

KORREKTUR
Barbara Ceruti

SATZ
Agathe Friguet, Xavier Carrascosa

COVERGESTALTUNG
Guillermo Bejarano

BILDQUELLENNACHWEIS
Unité 1: S. 10, iStock / Peter Chermaev – **Unité 2**: S. 12, iStock / fancyphotos2014; S. 13 , Wikimedia Commons / Familie Ndiaye; Flickr / Carine06 – **La Francophonie**: S.17, Wikimedia Commons /Georges Seguin; Philippe PACHE/Gamma-Rapho via Getty Images; Wikimedia Commons (CC) / ActuaLitté; Wikimedia Commons / ActuaLitté; Wikimedia Commons / Elisa Cabot; Wikimedia Commons / Claude TRUONG-NGOC – **Unité 3**: S. 24, iStock / Maica – **Unité 4**: S. S. 28, iStock / Minerva Studio; iStock / Geber86 – **Les mots voyagent**: S. 30, Wikimedia Commons; Wikimedia Commons / Botaurus; Wikimedia Commons / Suse – **Unité 6**: S. 41, iStock / swissmediavision; S. 43, Wikimedia Commons / Sandrine Joly; Wikimedia Commons / Rob C. Croes / Anefo; Wikimedia Commons / Georges Biard – **Destins croisés**: S. 46, Wikimedia Commons / Superbass; Frederic SOULOY / Gamma-Rapho via Getty Images; Wikimedia Commons / Kenji-Baptiste OIKAWA; Poklekowski / ullstein bild via Getty Images; Wikimedia Commons / Georges Biard; Wikimedia Commons (CC) / Mondadori Publishers; Wikimedia Commons; Wikimedia Commons; Bundesarchiv; Wikimedia Commons – **Unité 7**: S.48, Freepik via Flaticon **L'amitié franco-allemande**: Fotolia / JPC-PROD; Fotolia / abilitychannel; iStock / Alexandra Iakovleva; iStock / Juanmonino; iStock / m-imagephotography; iStock / Wavebreakmedia; iStock / m-imagephotography.

© Les auteurs et Difusión, Centre de Recherche et de Publications de Langues, S.L., 2016

ISBN: 978-3-12-530271-6
Imprimé dans l'UE

Toute forme de reproduction, distribution, communication publique et transformation de cet ouvrage est interdite sans l'autorisation des titulaires des droits de propriété intellectuelle. Le non-respect de ces droits peut constituer un délit contre la propriété intellectuelle (art. 270 et suivants du Code pénal espagnol).

www.emdl.fr/fle